Guía básica de Blender 3.0
Modelado

Juan de Dios López Castro

GUÍA BÁSICA DE BLENDER 3.0
MODELADO

MANUALES MATEMÁTICAS Y FÍSICA
Editorial UCA
Universidad de Cádiz

2022

MIXTO
Papel procedente de fuentes responsables
FSC FSC® C103817

® Blender

Primera edición: 2022
Edita: Editorial UCA
C/. Doctor Marañón, 3 - 11002 Cádiz (España)
publicaciones.uca.es
publicaciones@uca.es

Impresión: Tórculo Comunicación Gráfica, S. A.

Impreso en España/*Printed in Spain*

Depósito Legal: CA-487-2022
ISBN papel 978-84-9828-885-8
ISBN versión electrónica 978-84-9828-886-5

Unión de Editoriales Universitarias Españolas

Esta editorial es miembro de la UNE, lo que garantiza la difusión y comercialización de sus publicaciones a nivel nacional e internacional.

Guía básica de Blender 3.0
Modelado

Juan de Dios López Castro

UCA
Universidad de Cádiz

Agradecimientos

Aprovecho este espacio para agradecer a Javier Botana y a Rafael Bienvenido, por sus acertados consejos y comentarios en la elaboración de este libro. Al mismo tiempo, agradezco su ayuda y colaboración en la organización del curso «Introducción a Blender», desarrollado durante 2021 en la Universidad de Cádiz, el cual sirvió de punto de partida para la elaboración de este libro.

Por otra parte, también me gustaría agradecer a mi familia su apoyo, implicación e insistencia que sirvieron de acicate para poder finalizar este libro.

Índice

Capítulo I.
Introducción a Blender

Blender es un programa gratuito y de código libre destinado al diseño tridimensional. La aplicación contiene un conjunto de herramientas que permiten llevar a cabo una gran cantidad de tareas dedicadas al diseño como por ejemplo modelar, esculpir, reparar, animar y generar imágenes fotorrealistas.

A pesar de que Blender está centrado en el diseño 3D, el software es muy versátil y en la actualidad permite, además, editar vídeos, generar simulaciones físicas, crear videojuegos o, incluso, crear nuevos complementos utilizando Python como lenguaje de programación.

Es necesario tener en cuenta que, aunque existen complementos que añaden precisión y posibilidad de parametrización, Blender no es un software CAD y, por lo tanto, no sustituye a herramientas de ingeniería dedicadas a tal fin.

1.1 Objetivo y metodología

Blender es un software complejo con una curva de aprendizaje elevada. El objetivo general de este libro es reducir la intensidad de esta curva y servir como guía base para los usuarios no iniciados en el diseño.

Cabe destacar que este libro no está orientado a un sector específico, por lo que puede ser de utilidad para lectores interesados en infografía, desarrollo de software o impresión 3D. Sin embargo, atendiendo al auge de las tecnologías de fabricación aditiva, el último capítulo de este libro se ha enfocado en el uso de Blender para dicha tecnología, describiendo así las herramientas básicas de análisis y reparación de mallas.

La metodología utilizada en esta guía se basa en la descripción e ilustración mediante ejemplos de herramientas básicas en Blender. Además, se han incluido ejercicios no resueltos que podrían ayudar a asentar los conocimientos adquiridos.

Para facilitar la comprensión de este libro, se ha optado por indicar mediante comillas simples y la primera letra mayúscula las etiquetas de los menús, botones, opciones, pestañas y desplegables. Por otra parte, las teclas utilizadas para ejecutar una acción se han indicado únicamente mediante comillas simples.

Finalmente, cabe señalar que en este libro se han recogido las herramientas consideradas necesarias para diseñar la mayoría de los objetos. Sin embargo, puede que en ciertas situaciones el lector necesite profundizar en otras herramientas de modelado o esculpido de objetos. Por ello, se recomienda utilizar la ayuda oficial de Blender [1], así como los tutoriales oficiales incluidos en la web oficial [2].

1.2 Conceptos básicos

Antes de comenzar a trabajar con Blender, es necesario definir algunos de los términos que se emplearán en este manual y que son esenciales en aplicaciones de modelado 3D.

- **Vértice**. Es un punto en el espacio y representa la unidad mínima que forma parte de la estructura de un objeto tridimensional. Los vértices se definen en el espacio mediante sus coordenadas XYZ, y no se pueden rotar o escalar.
- **Arista**. Línea recta formada a partir de la conexión de 2 vértices.
- **Cara o polígono**. Son superficies generadas con al menos 3 vértices. Dependiendo del número de vértices, la cara puede denominarse *tri* (3 vértices), *quad* (4 vértices) o *ngon* (más de 4 vértices). En la Figura 1 se recoge un objeto plano formado por 2 caras, 5 aristas y 4 vértices.

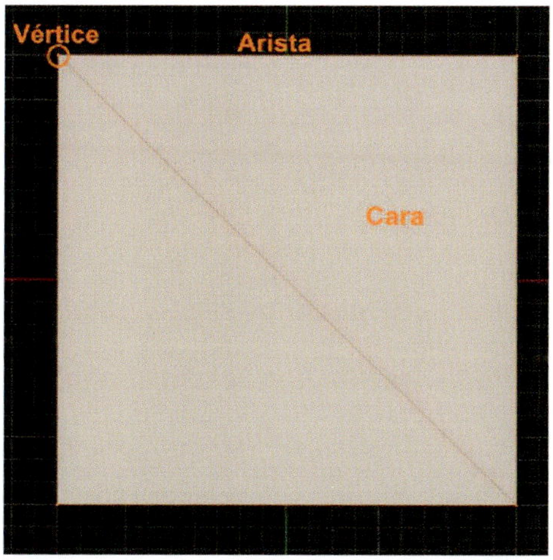

Figura 1. Objeto plano formado por 2 caras *tris*, 5 aristas y 4 vértices.

- **Malla**. Se denomina malla al conjunto de polígonos que forman un objeto. Una malla puede ser abierta o cerrada, dependiendo del número de caras que comparta cada arista. Se dice que la malla es cerrada, o que el objeto es un sólido, si cada arista forma parte de 2 caras. En caso contrario, la malla es abierta. En la Figura 2 se representan un objeto plano y un objeto con volumen. El objeto plano presenta una malla abierta, mientras que el objeto con volumen es un sólido y, por lo tanto, tiene una malla cerrada.

Figura 2. Objeto de malla abierta (izquierda) y cerrada (derecha).

- **Polo**. Vértice conectado a 3, 5 o más aristas. No se consideran polos a los vértices conectados a 1, 2 o 4 aristas. Si un vértice está conectado a 3 aristas se denomina polo de tipo N. Si está conectado a 5 aristas se denomina polo de tipo E. En la Figura 3 se representa una malla con un polo de tipo E y 3 polos de tipo N.

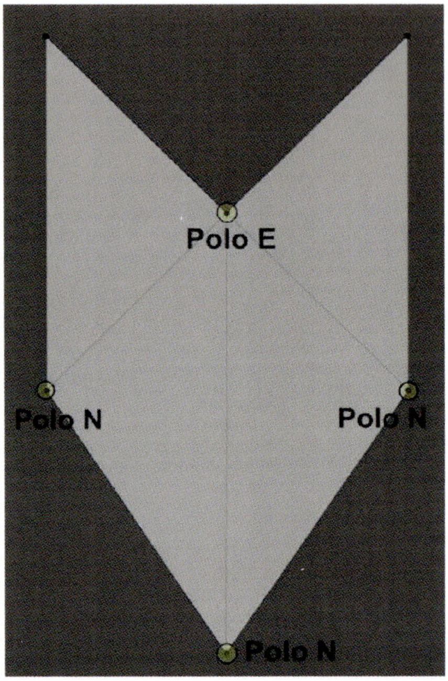

Figura 3. Malla con polos de tipo N y E.

- **Bucle de aristas.** Conjunto de aristas contiguas cuyos vértices presentan el mismo número de conexiones. Si la arista inicial y final están conectadas, se dice que el bucle es cerrado. Si el conjunto de aristas se encuentra con un polo de tipo E o un borde de una malla abierta, el bucle de arista se rompe y se dice, pues, que es un bucle abierto.
- **Bucle de caras.** Conjunto de caras de tipo *quad* contiguas. Si la última arista o cara del bucle está conectada a la primera arista o cara se dice que el bucle está cerrado. En la Figura 4 se muestran un bucle de aristas y un bucle de caras abiertos.

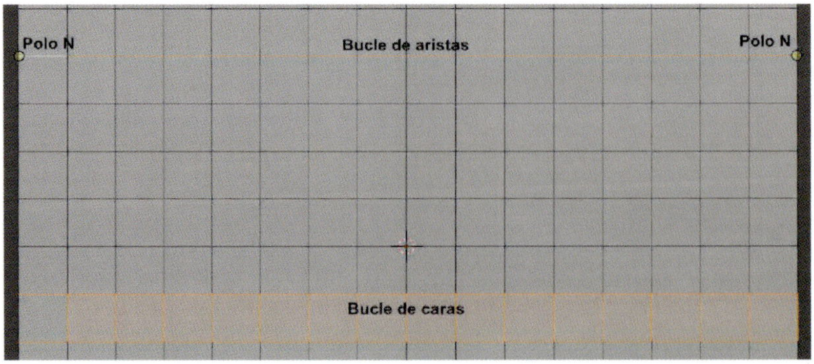

Figura 4. Bucle de aristas y de caras seleccionadas en una malla con caras de tipo *quad*.

- **Normal**. Es el vector perpendicular a un polígono. Un objeto 3D tendrá tantas normales como número de polígonos presente su estructura. En la Figura 5 se incluye un objeto donde las normales son representadas con una línea de color azul.

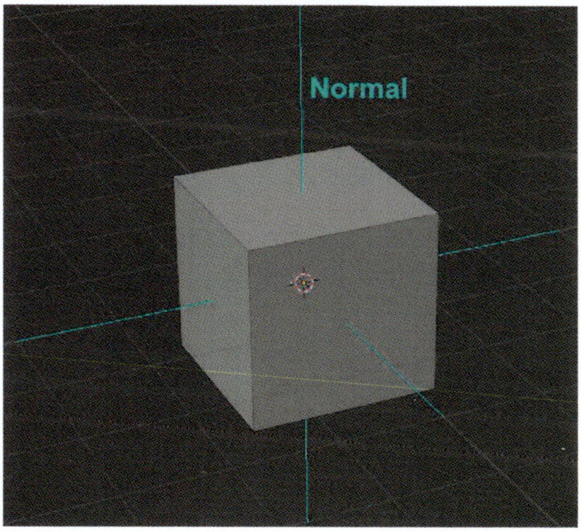

Figura 5. Objeto 3D cuyas normales se han representado con el color azul.

1.3 Instalación

Blender puede descargarse de forma gratuita desde la web oficial https://www.blender.org. La versión de Blender utilizada para la elaboración de esta guía es la versión 3.0. Sin embargo, ya que no se esperan cambios significativos en las funciones básicas del programa en un futuro próximo, el presente manual puede considerarse válido para Blender 3.x.

Para descargar Blender desde la página oficial, debe pulsarse el botón *'Download Blender'* situado en el centro de la ventana del explorador dentro de la sección *'Download'*, Figura 6. En la actualidad es posible instalar Blender en Windows, macOS y Linux. Además, también puede descargarse su versión portátil. En este manual se utilizará la versión para Windows.

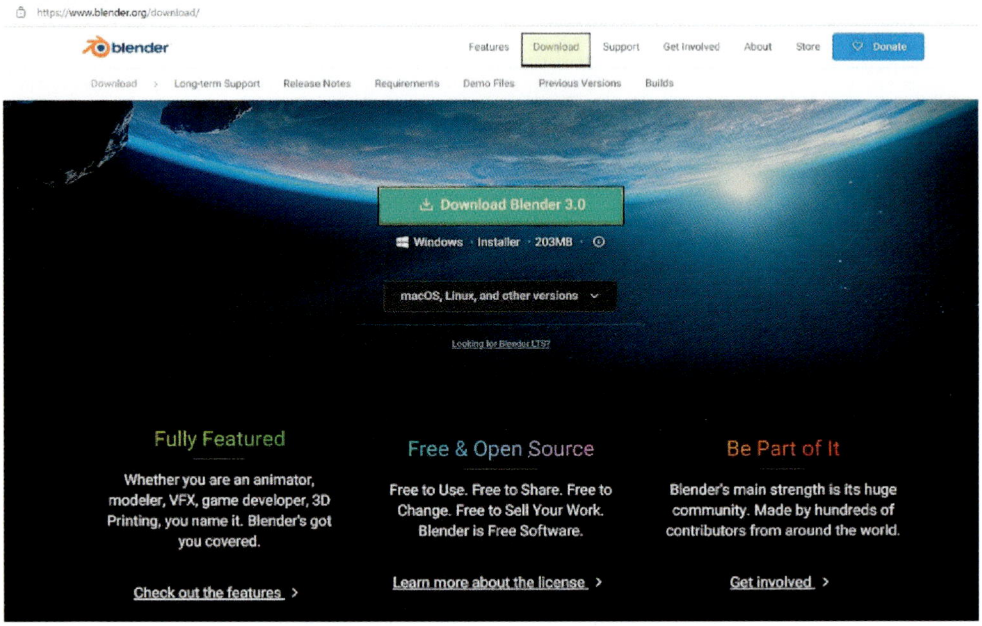

Figura 6. Botón de descarga de la web oficial.

Una vez descargado el instalador, se ejecuta, se acepta el acuerdo de licencia y se escoge la ruta donde se desee instalar la aplicación. Por defecto, el instalador copiará en el disco tanto los archivos específicos de Blender como las librerías dinámicas *dll,* necesarias para ejecutar el programa.

En Windows, tras la instalación, podrá ejecutarse el programa haciendo uso del icono de acceso directo creado en el escritorio o mediante el acceso directo incluido en el menú Inicio.

Capítulo II.
Interfaz de usuario

En Blender, la interfaz de usuario es dinámica y depende de las necesidades del diseñador. En este manual se describirá la interfaz mostrada por defecto al iniciar por primera vez la aplicación, así como las diferentes opciones disponibles para personalizarla.

Cuando se inicia por primera vez Blender, un asistente nos permite configurar rápidamente algunas de las características del programa, ya sea el idioma, el aspecto visual o el efecto que producen los botones del ratón y la tecla espacio. En la Figura 7 se muestra el asistente rápido con las opciones por defecto.

Con el objetivo de reducir la dificultad de lectura, para la elaboración de este manual se ha seleccionado el idioma español dentro del desplegable *'Language'*. Sin embargo, es necesario tener en cuenta que esta traducción puede presentar algunos errores. Además, muchos de los recursos encontrados en la red aparecen en inglés, por lo que se recomienda conocer en ambos idiomas la terminología empleada en Blender.

Figura 7. Asistente de configuración rápida de Blender.

Tras seleccionar en el asistente las opciones deseadas y pulsar el botón 'Siguiente', Blender mostrará una pantalla de bienvenida donde se incluyen la versión actual y un conjunto de opciones para iniciar un nuevo proyecto o cargar uno ya existente. Para cerrar esta ventana, puede seleccionarse la opción 'General' o pulsar con el botón izquierdo del ratón fuera de la ventana de bienvenida.

Al cerrar la pantalla de bienvenida, se abrirá la ventana principal de Blender, que presenta tres partes fácilmente distinguibles: la barra superior, el espacio de trabajo situado en el centro de la pantalla y la barra de estado que se encuentra en la parte inferior de la pantalla.

2.1 Barra superior

La barra superior presenta tres zonas diferenciadas entre sí por sus respectivos métodos de representación. En la parte superior izquierda se muestra la barra del menú principal, representada por etiquetas de texto. En la parte superior central se encuentran un conjunto de lengüetas o pestañas que representan los espacios de trabajo. Finalmente, en la parte superior derecha, representados con menús desplegables, se muestran los selectores de escenas y capas.

2.1.1 Menú principal

En la Figura 8 se muestra el menú principal de Blender, el cual está formado por 5 apartados.

Figura 8. Menú principal de Blender.

- **Archivo.** Permite crear ('Nueva'), cargar ('Abrir') y guardar un proyecto ('Guardar' / 'Guardar como…'), o recuperar una sesión anterior o un proyecto guardado automáticamente como medida de seguridad ('Recuperar'). Además, desde este menú es posible importar y exportar objetos, añadir objetos procedentes de otros archivos de Blender ('Anexar') y guardar el estado actual de las ventanas y utilizarlas como configuración de inicio al abrir Blender ('Predefinidos' > 'Guardar archivo de inicio').
- **Editar.** Utilizando las opciones de este menú es posible deshacer y rehacer una o varias operaciones, repetir la última acción o buscar y ejecutar una operación de diseño ('Buscar en menús'). También es posible renombrar uno o varios objetos seleccionados previamente ('Renombrar elemento activo' y 'Renombrar por lotes') o editar las preferencias del software.
- **Procesar.** Las opciones más destacadas de este menú son las que permiten renderizar[1] una imagen o un video ('Procesar fotograma' y 'Procesar animación').
- **Ventana.** Entre todas las opciones disponibles, la más interesante de este menú es aquella que permite crear nuevas ventanas del proyecto actual y de esta forma trabajar en diferentes escenas ('Nueva ventana principal').
- **Ayuda.** Esta opción da acceso al manual del programa y, además, permite acceder a los tutoriales oficiales y a la documentación de Python.

---

[1] Operación cuyo resultado es la representación gráfica de un escenario 3D. En esta representación, además de proyectar los objetos 3D en un plano, pueden incluirse sombras, reflejos, refracciones, iluminación indirecta, etc.

2.1.2 Selectores de espacios de trabajo

El espacio de trabajo está situado en el centro de la pantalla y está formado por un conjunto de ventanas o áreas. El número y tamaño de las ventanas puede modificarse y almacenarse para su uso posterior en otros proyectos. Por defecto, Blender presenta los espacios de trabajo *'Layout'*, *'Modeling'*, *'Sculpting'*, *'UV editing'*, *'Texture paint'*, *'Shading'*, *'Animation'*, *'Rendering'*, *'Compositing'*, *'Geometry nodes'* y *'Scripting'*, tal y como se muestra en la Figura 9.

Figura 9. Pestañas de la barra superior donde se incluyen los espacios de trabajo disponibles por defecto en Blender.

Cada uno de estos espacios de trabajo contiene una disposición de ventanas que permite centrar la atención en la tarea que se pretende realizar, ya sea modelado, esculpido, incorporación de materiales, animación o renderizado. Para cambiar de espacio de trabajo, debe pulsarse con el botón izquierdo del ratón sobre la pestaña deseada. Además, es posible reordenar, eliminar y crear duplicados del espacio de trabajo haciendo uso del menú emergente que aparece al pulsar con el botón derecho del ratón sobre una de las pestañas.

2.1.3 Escenas y capas

Utilizando los menús desplegables de la parte superior derecha es posible seleccionar la escena y la capa en la que se desea trabajar. En la Figura 10 se muestra la barra de selección de escenas y capas.

Figura 10. Barra de selección de escenas (izquierda) y capas (derecha).

Una escena está formada por un conjunto de objetos colocados en el espacio 3D. Un proyecto de Blender puede contener tantas escenas como se desee. Por defecto, los proyectos nuevos presentan una escena. Si se desean añadir nuevas escenas, debe utilizarse la opción 'Nueva escena' representada con el icono en forma de doble hoja situado a la derecha del selector de escenas. Al hacer clic sobre este botón se muestran 4 opciones, siendo las más destacadas 'Nueva', que permite crear una escena completamente vacía, y 'Copia completa', que crea un duplicado de la escena actual.

Por otra parte, las capas permiten ocultar objetos para facilitar el trabajo o incluso no mostrarlos durante el renderizado. Utilizando la opción 'Agregar capa de visualización' representada por el icono en forma de doble hoja situado a la derecha del selector de capas, es posible crear nuevas capas de visibilidad para ocultar o mostrar ciertos objetos de la escena.

2.2 Espacio de trabajo

En el centro de la pantalla y ocupando prácticamente toda el área se encuentra el espacio de trabajo. Como ya se ha comentado previamente, el espacio de trabajo puede personalizarse completamente, añadiendo un número ilimitado de ventanas con la información que se necesite en cada momento.

Por defecto, en el espacio de trabajo denominado *'Layout'*, se observan 4 ventanas. En la Figura 11 se señalan cada una de estas ventanas, indicando su nombre.

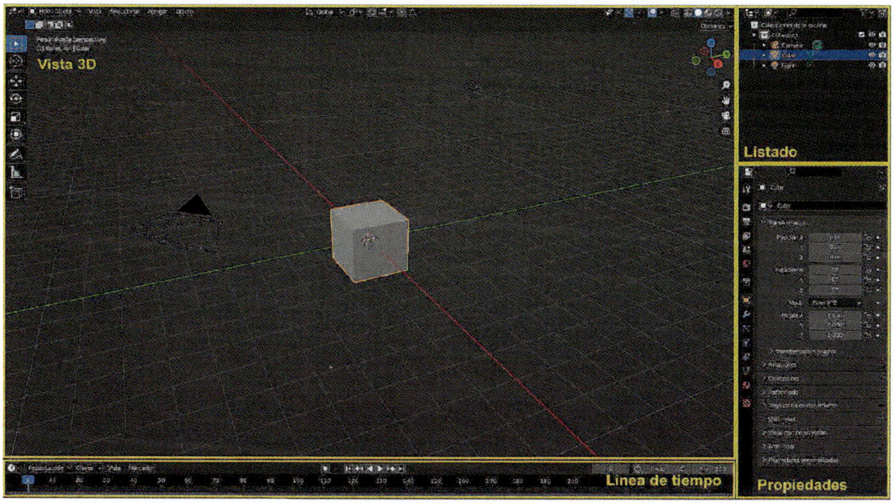

Figura 11. Disposición de ventanas en el espacio de trabajo *'Layout'*.

La vista 3D es la ventana que ocupa prácticamente todo el espacio de trabajo y en la que se construye la escena. En la parte superior derecha se encuentra una ventana conocida como listado, que muestra un árbol jerárquico con todos los objetos presentes en la escena. Por defecto, al iniciar Blender, siempre se mostrarán una cámara, un cubo y una lámpara. Por otro lado, en la parte inferior del espacio de trabajo se sitúa la línea de tiempo, con la que es posible crear animaciones. Finalmente, en la parte inferior derecha de la pantalla se encuentra la ventana de propiedades, la cual permite definir las propiedades de todos los objetos del escenario.

En otros espacios de trabajo, como por ejemplo el destinado al control de materiales (*'Shading'*), el espacio se encuentra dividido en 6 ventanas, tal y como se muestra en la Figura 12.

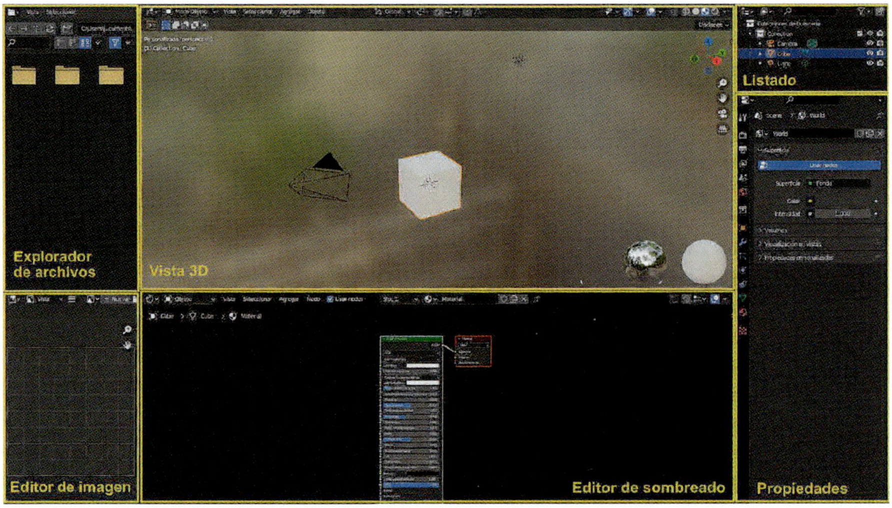

Figura 12. Disposición de ventanas en el espacio de trabajo *'Shading'*.

En este espacio de trabajo, además de la vista 3D, la ventana conocida como listado y el editor de propiedades, se incluyen 3 nuevas ventanas. A la izquierda se muestran el explorador de archivos en la parte superior y el editor de imagen en la parte inferior. Finalmente, en la parte inferior central se incluye un editor de nodos, conocido como editor de sombreado, que permite definir nuevos materiales.

Como ya se ha indicado, los espacios de trabajo son personalizables, con la posibilidad de incluir un número de ventanas ilimitadas. Más adelante se describirá el proceso para crear y personalizar un espacio de trabajo e incluir las ventanas que sean necesarias según el flujo de trabajo empleado.

2.3 Barra de estado

La barra de estado, mostrada en la Figura 13, se encuentra situada en la parte inferior de la ventana principal de Blender.

Figura 13. Barra de estado situada en la parte inferior de la ventana de Blender.

Se trata de una barra de información, en la que pueden figurar las teclas y botones del ratón que resulten útiles dependiendo de la herramienta seleccionada, así como el progreso de la operación que se está ejecutando o el número de objetos, vértices y polígonos existentes en una escena o selección.

2.4 Espacios de trabajo personalizados

Blender permite añadir, eliminar o personalizar un espacio de trabajo según las necesidades del usuario.

2.4.1 Nuevo espacio de trabajo

Para crear un nuevo espacio de trabajo se puede emplear una de estas 2 opciones:

- Haz clic sobre la lengüeta con la etiqueta '+' de la barra superior de Blender y selecciona una de las plantillas disponibles en el menú emergente. Como se muestra en la Figura 14, el espacio de trabajo se posicionará al final de los espacios ya presentes en Blender.

Figura 14. Nuevo espacio de trabajo creado desde el menú emergente de la pestaña con la etiqueta '+'.

- Haz clic con el botón derecho del ratón sobre una de las pestañas disponibles en la barra superior de Blender y pulsa sobre la opción 'Duplicar' para crear un nuevo espacio de trabajo con el mismo esquema de ventanas que el espacio seleccionado. También es posible duplicar espacios de trabajo utilizando la opción 'Duplicar activo' del menú emergente de la pestaña '+'. En esta ocasión, la pestaña se posicionará inmediatamente después del espacio duplicado, tal y como se muestra en la Figura 15.

Figura 15. Nuevo espacio de trabajo creado al duplicar el espacio *'Layout'*.

2.4.2 Sistema de ventanas

En un espacio de trabajo es posible crear, eliminar y redimensionar ventanas. En el proceso de creación de una ventana, Blender divide la ventana existente en dos. Para llevar a cabo esta división existen 2 opciones:

- Coloca el cursor en uno de los 4 lados de las ventanas existentes. El cursor cambiará su icono a una doble flecha. Haz clic con el botón derecho del ratón y selecciona la opción 'Dividir horizontalmente' o 'Dividir verticalmente' para dividir la ventana actual en dos, usando una línea horizontal o vertical, Figura 16. Finalmente, mueve el ratón para posicionar la línea de división y haz clic con el botón izquierdo del ratón para aceptar la acción.

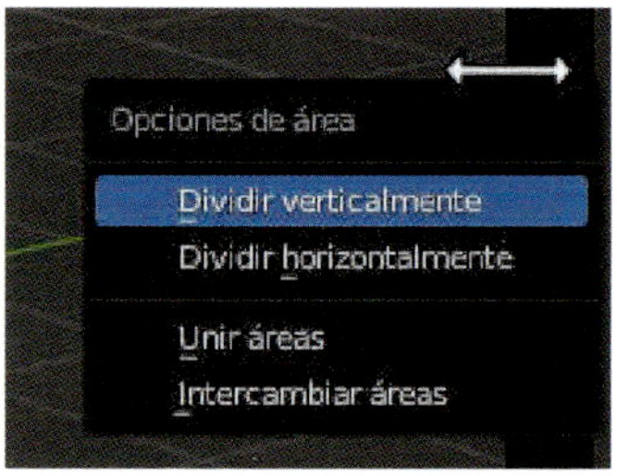

Figura 16. Menú emergente con las opciones de división de ventana.

- Mantén pulsado el botón izquierdo del ratón en una esquina de cualquier ventana ya existente. El cursor cambiará su icono a una cruz, Figura 17. A continuación, sin soltar el botón izquierdo del ratón, mueve el cursor al interior de dicha ventana. Si el movimiento del cursor es en horizontal la división de la ventana será vertical, mientras que, si es en vertical, la división se llevará a cabo horizontalmente.

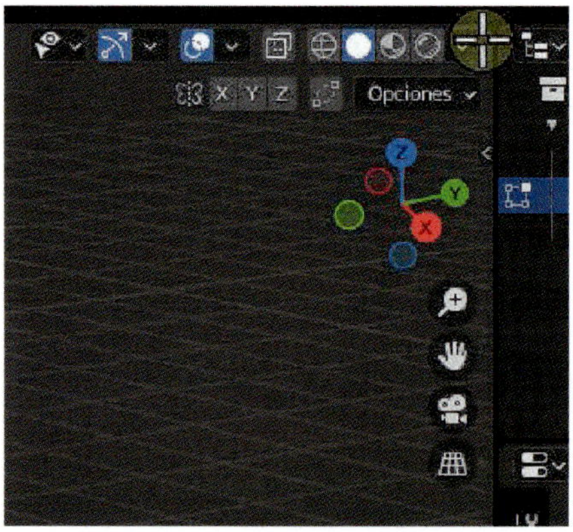

Figura 17. Situación y forma del cursor antes de la división de una ventana.

Por otra parte, es posible unir 2 ventanas siempre y cuando presenten el mismo ancho o alto. Para combinar 2 ventanas se puede realizar alguna de las siguientes operaciones:

- Haz clic con el botón derecho del ratón sobre el lado que comparten ambas ventanas. Del menú desplegable selecciona la opción 'Unir áreas' y mueve el ratón sobre la ventana que desees eliminar. Finalmente, pulsa el botón izquierdo del ratón para ejecutar la acción.
- Mantén pulsado el botón izquierdo del ratón en una de las esquinas de la ventana que desees conservar. A continuación, mueve el cursor hacia la ventana que desees eliminar y suelta el botón izquierdo del ratón.

Finalmente, para redimensionar una ventana, arrastra uno de sus lados en la dirección que desees.

2.4.3 Editores

Cada una de las ventanas de nuestro espacio de trabajo puede contener un editor específico. Para asignar un editor a una ventana, haz clic con el botón izquierdo del ratón sobre el icono que se sitúa en la parte superior izquierda de cualquier ventana y selecciona uno de los editores disponibles, Figura 18.

Figura 18. Editores disponibles en Blender.

A continuación, se describe brevemente cada uno de estos editores:

- **Vista 3D**. Editor que permite interactuar con los objetos de una escena 3D con el fin de poder modelarlos, animarlos, pintarlos, etc.
- **Editor de imágenes**. Desde dicho editor es posible crear, abrir o guardar imágenes. Además, el editor dispone de herramientas para pintar y edición de máscaras.
- **Editor de UV**. Permite crear o abrir imágenes y, posteriormente, proyectarlas sobre un objeto. A estas imágenes se les conoce como textura.
- **Compositor**. Con este editor es posible combinar imágenes, secuencias de imágenes o vídeos, así como aplicar filtros, correctores de brillo o color.
- **Editor de texturizado**. Permite crear texturas mediante algoritmos matemáticos,

combinando colores, patrones y otras texturas. A este tipo de texturas se le conoce como texturas procedurales.

- **Editor de nodos de geometría.** Permite generar modelos 3D mediante algoritmos. A este tipo de modelos se le conoce como objetos procedurales.
- **Editor de sombreado.** Los materiales son el aspecto visual que presenta un objeto. Mediante este editor es posible generar un material procedural, es decir, un material creado a partir de algoritmos matemáticos. En Blender, los editores procedurales de geometría, textura y materiales utilizan un sistema de programación visual conocido como editor de nodos.
- **Editor de vídeo.** Se trata de un editor de vídeo no lineal que permite añadir vídeos, imágenes, sonidos, filtros, máscaras, etc.
- **Editor de clips.** Permite crear máscaras en regiones de un vídeo importado o realizar seguimientos de determinados pixeles contenidos en él (*tracking*).
- **Planilla de tiempos.** Permite controlar los fotogramas clave asociados a un objeto. Un fotograma clave (*keyframe*) es un recurso que almacena las propiedades de los objetos, como su posición, orientación o escala. De esta forma, puede generarse una animación si se añaden fotogramas clave en distintos puntos de la línea de tiempo. La suavidad del movimiento entre 2 fotogramas clave se genera mediante una curva de interpolación.

  Por otra parte, este editor permite crear animaciones independientes de la línea de tiempo, asociadas a un objeto específico. Estas animaciones se denominan acciones. Ejemplos de diferentes acciones asociadas a un modelo humano podrían ser caminar, correr, saltar, etc.
- **Línea de tiempo**. Este editor incluye controles de reproducción y herramientas básicas para el control de fotogramas clave.
- **Editor de curvas.** Permite ajustar la curva de interpolación entre 2 fotogramas clave.
- **Controladores.** En Blender es posible generar animaciones mediante algoritmos matemáticos y variables que representan las propiedades de los objetos. Por ejemplo, mediante este editor se pueden rotar continuamente las ruedas de un vehículo cuando se mueve por una carretera.
- **Animación no lineal.** Se trata de un editor con una línea de tiempo que permite

generar una animación no lineal mediante la combinación de diferentes acciones.

- **Editor de texto.** El editor de texto contenido en Blender suele utilizarse para programar *scripts* (secuencias de instrucciones) y así mejorar o aumentar las herramientas disponibles. El lenguaje de programación utilizado es Python.
- **Consola Python.** Permite ejecutar rápidamente una instrucción de Python.
- **Info.** Con este editor se registran todas las operaciones realizadas, así como las advertencias y los mensajes de error.
- **Listado.** Se trata de una lista de todos los objetos presentes en la escena. Desde este editor es posible seleccionar, ocultar, eliminar o vincular objetos.
- **Propiedades.** Este editor permite visualizar y editar las propiedades presentes en la escena o en el objeto seleccionado.
- **Explorador de archivos.** Se trata de un explorador con capacidad para abrir y guardar archivos.
- **Explorador de recursos.** Permite reutilizar objetos previamente diseñados.
- **Planilla.** Permite visualizar los atributos asociados a la geometría seleccionada. Un ejemplo de atributo es la posición de los vértices en los objetos.
- **Preferencias.** Permite modificar las opciones de Blender y añadir nuevas funciones.

2.5 Preferencias de Blender

Blender permite modificar su configuración por defecto utilizando el editor de preferencias. Para abrir dicho editor existen 2 opciones:

- Haz clic sobre el icono superior izquierdo de una de las ventanas del espacio de trabajo y selecciona la opción 'Preferencias'.
- Haz clic en la opción 'Editar' dentro del menú principal de Blender y selecciona la opción 'Preferencias'.

Desde este editor pueden modificarse opciones como el idioma, los colores, el tamaño de la fuente, el modo de navegación en la vista 3D, los atajos de teclado o el tiempo de guardado automático. En este manual se mantendrán todas las configuraciones por defecto excepto el idioma, el cual ha sido modificado previamente, y el parámetro 'Estadísticas de escena', el cual permite visualizar en la barra de tareas el número de objetos, vértices y polígonos presentes en la escena. Para activarlo, haz clic sobre la casilla correspondiente dentro del desplegable 'Barra de estado' del menú 'Interfaz', Figura 19.

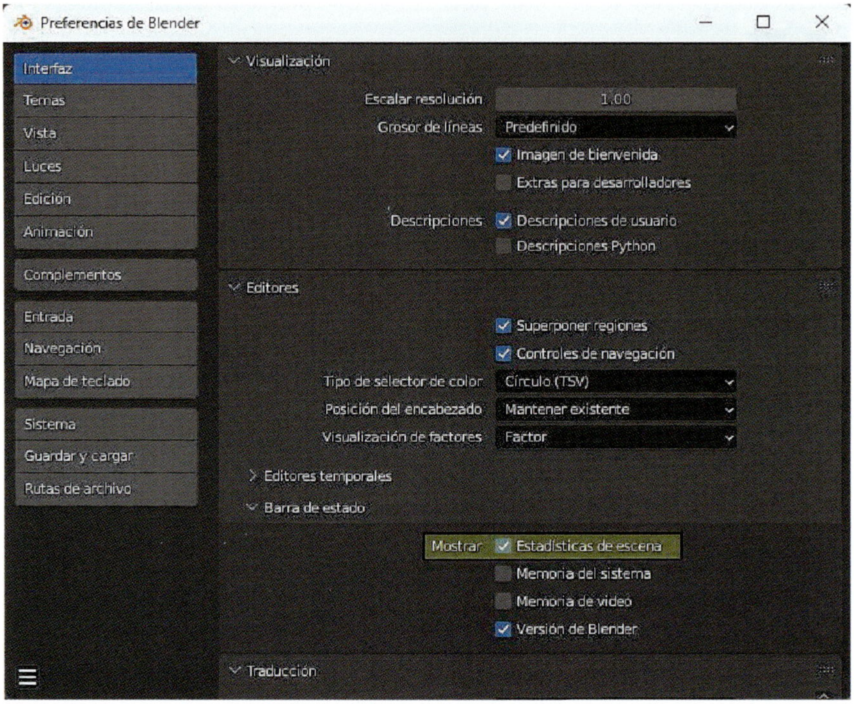

Figura 19. Opción que permite mostrar en la parte inferior derecha información relacionada con los objetos de la escena.

Por otra parte, en este mismo editor, se encuentra el menú 'Complementos', el cual permite añadir nuevas características a Blender y mejorar sus capacidades.

2.5.1 Complementos de Blender

Un complemento es un *script* o conjunto de *scripts* escritos en Python cuyo objetivo es facilitar ciertas tareas, añadir nuevas funcionalidades o mejorar la experiencia con el software.

Los complementos pueden descargarse gratuitamente o mediante una compra previa desde diferentes páginas web. En este manual se activarán algunos de los complementos ya instalados por defecto en Blender:

- ***Measureit.*** Permite medir longitudes, ángulos y áreas.
- ***Add mesh: extra objects.*** Añade una librería de objetos al menú 'Agregar' de la vista 3D.
- ***Mesh: 3D-print toolbox.*** Contiene herramientas que ayudan a reparar la malla de objetos destinados a la impresión 3D.

Además de estos complementos, se instalará una biblioteca de objetos diseñados por otros usuarios conocida como *blenderkit online asset library*, disponible en la web oficial (https://www.blenderkit.com/get-blenderkit/). Desde esta web, pulsando sobre la opción '*Download blenderkit*', es posible descargar un archivo comprimido *zip* que contiene los *scripts* necesarios para acceder a la biblioteca.

Para activar un complemento en Blender, activa la casilla que se encuentra a la izquierda del nombre de este, dentro del menú 'Complementos' de la ventana de preferencias. Si lo ves necesario, puedes utilizar el campo de búsqueda para localizar un complemento específico.

Para instalar la biblioteca *blenderkit*, pulsa sobre la opción 'Instalar' y selecciona el archivo *zip* descargado previamente. En la Figura 20 se incluye una captura del editor de preferencias con una marca en la casilla de activación del complemento *blenderkit online asset library*.

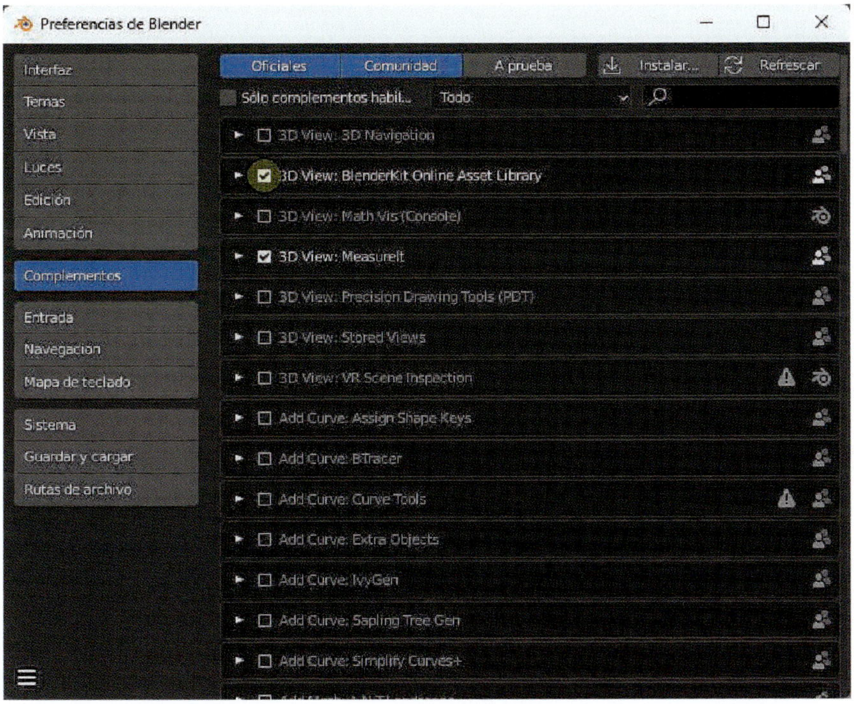

Figura 20. Editor de preferencias con la opción '*Complementos*' seleccionada.

Antes de continuar con el siguiente capítulo, activa todos los complementos indicados (*measureit, add mesh: extra objects, mesh: 3D-print toolbox* y *blenderkit online asset library*), cierra la ventana de preferencias y regresa a la vista 3D.

Capítulo III.
Nuevo proyecto

Cuando se inicia un nuevo proyecto en Blender, es recomendable modificar algunos parámetros dependiendo del objetivo del trabajo. Por ejemplo, si el resultado del proyecto va a ser una animación o una imagen, convendría modificar el motor de renderizado, el tamaño de imagen o la resolución y el número de fotogramas por segundo del vídeo. Por otra parte, si el objetivo del proyecto es obtener un objeto 3D e imprimirlo mediante una tecnología de fabricación aditiva, podría ser necesario modificar las unidades de trabajo y la escala.

Para modificar dichas opciones se hace uso de los parámetros incluidos en las pestañas 'Propiedades de procesamiento', 'Propiedades de salida', 'Propiedades de capas de visualización', 'Propiedades de la escena' y 'Propiedades del entorno' de la ventana de propiedades que se encuentra situada en la parte derecha de cualquier espacio de trabajo incluido por defecto en Blender, Figura 21.

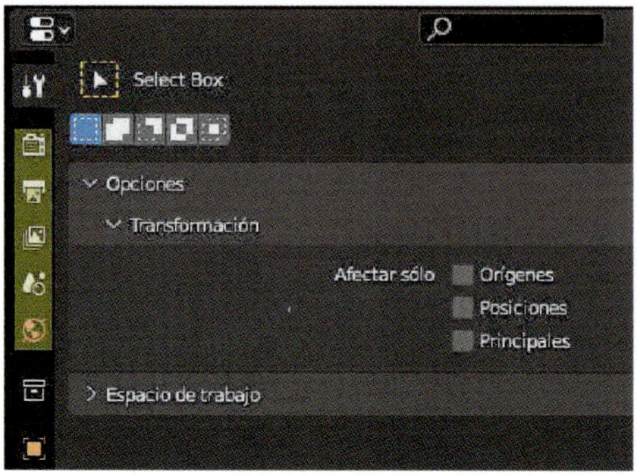

Figura 21. Pestañas relacionadas con el procesado de imágenes, los archivos de salida, las capas, la escena y el entorno.

De todas las opciones disponibles, solo se describirán los parámetros que presentan mayor interés atendiendo a los objetivos de este libro.

Desde la pestaña 'Propiedades de procesamiento' es posible modificar el desplegable 'Motor de procesamiento', el cual permite especificar el algoritmo de renderizado. En Blender, existen dos algoritmos: Eevee y Cycles[2]. Aunque en este manual no es necesario renderizar las escenas diseñadas, si se desean obtener imágenes fotorrealistas de ellas, debe seleccionarse la opción 'Cycles', Figura 22.

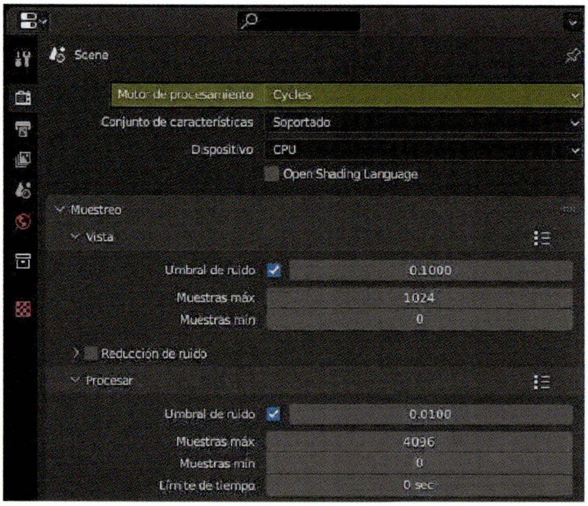

Figura 22. Pestaña 'Propiedades de procesamiento' con la opción 'Cycles' seleccionada.

2 A diferencia del algoritmo Eevee, que emplea la técnica de rasterizado en tiempo real, Cycles es un motor basado en la técnica de trazado de rayos. Es decir, calcula el camino que sigue la luz desde la fuente hasta el observador, incluyendo en dicho cálculo reflexiones, refracciones y sombras.

Dentro de la pestaña 'Propiedades de salida' puede modificarse el tamaño de la imagen renderizada, el número de fotogramas presentes en una animación, la velocidad en fotogramas por segundo, el control de la técnica de estereoscopía o incluso la ruta y el formato de archivo de salida. De todas las opciones disponibles en esta pestaña, la más significativa es el parámetro 'Resolución', el cual depende de las necesidades del usuario y las características del equipo. Una resolución de 1920 x 1080 píxeles (Full HD) suele ser un valor aceptable para la mayoría de los proyectos, Figura 23.

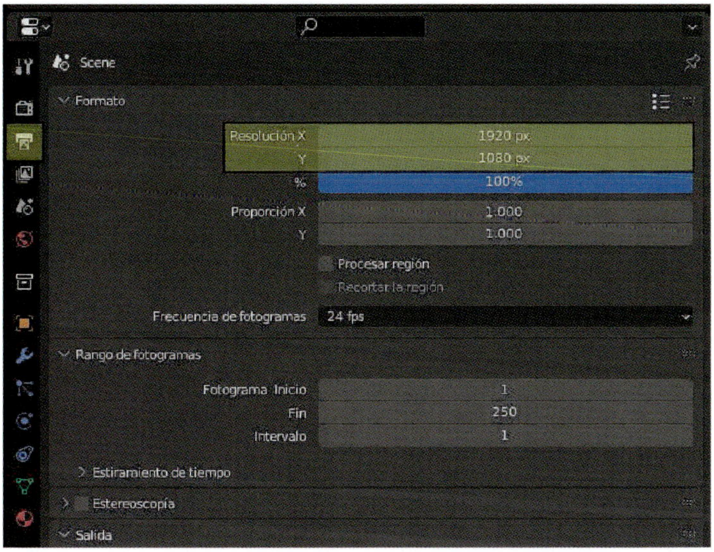

Figura 23. Pestaña 'Propiedades de salida' con la opción 'Resolución' configurada en 1920 x 1080 píxeles.

Finalmente, en la pestaña 'Propiedades de la escena', es posible modificar opciones relacionadas con las unidades, el audio, la simulación de cuerpos rígidos, etc. En este libro se utilizarán las unidades del Sistema Internacional. Sin embargo, si se desea trabajar con modelos para impresión 3D, se recomienda trabajar con las unidades y la escala que correspondan según el software de impresión utilizado. Así, en programas de impresión como Cura y Chitubox debe establecerse el parámetro 'Longitud' en milímetros y la opción 'Escala de unidades' en 0.001, Figura 24.

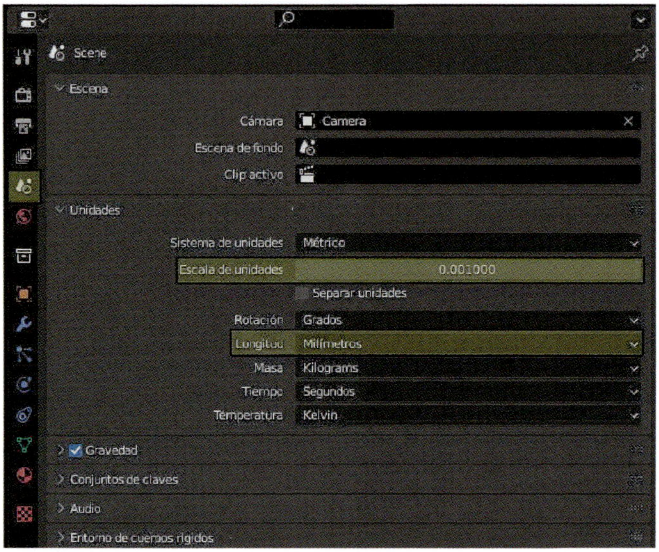

Figura 24. Pestaña 'Propiedades de la escena' con la opción 'Longitud' fijada en mm y la 'Escala de unidades' establecida en 0.001.

Capítulo IV.
Vista 3D

La vista 3D es la ventana donde se construye la escena. En la parte superior, se incluye una cabecera formada por diferentes opciones que varían dependiendo de la herramienta seleccionada. Bajo esta, se muestra una barra de herramientas en la parte izquierda y diversas opciones de visualización en la parte superior derecha. Además, Blender dispone de varias herramientas de diseño que se encuentran ocultas en un panel lateral. Para mostrar estas opciones es necesario arrastrar hacia la izquierda la pestaña con el icono en forma de flecha situado en la parte superior derecha de la vista 3D, Figura 25. También es posible mostrar dichas opciones utilizando la tecla 'N' o activando la opción 'Barra lateral' del menú 'Vista' situado en la parte superior de la vista 3D.

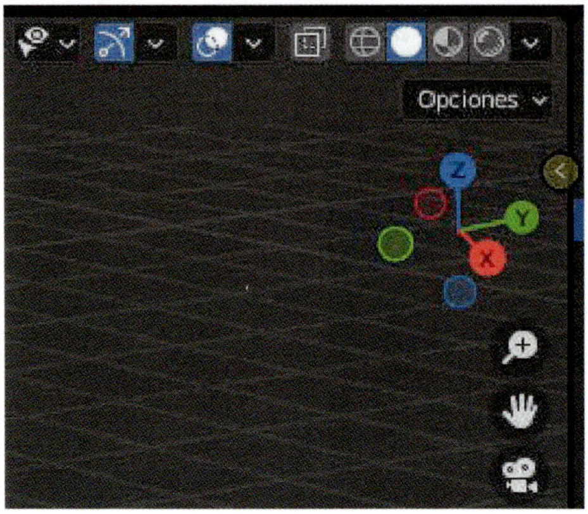

Figura 25. Pestaña que permite mostrar la barra lateral oculta de la vista 3D.

Dependiendo del modo de trabajo, estos menús y opciones pueden variar. En este libro solo se describen las opciones más básicas relacionadas con el modelado.

Dentro de la vista 3D, ocupando todo el espacio de pantalla, se encuentra la escena tridimensional. Por defecto, los nuevos proyectos contienen solo una escena con un cubo, una cámara y un objeto de iluminación puntual, Figura 26. Además, como objetos auxiliares Blender incluye una cuadrícula y un círculo rojo y blanco conocido como cursor 3D.

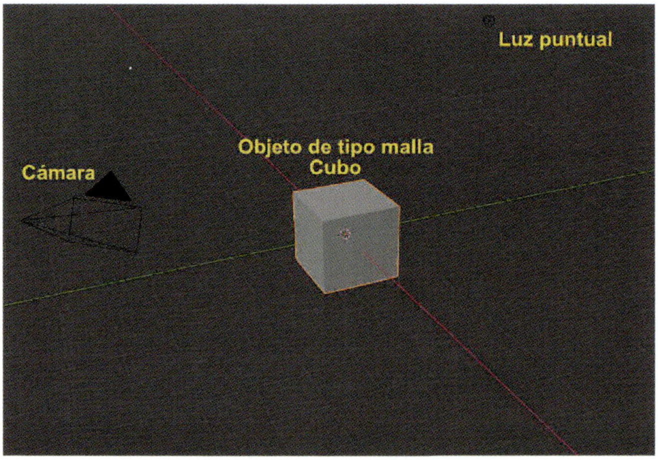

Figura 26. Objetos creados por defecto al iniciar una nueva escena.

4.1 Cursor 3D

El cursor 3D es un punto en el espacio que permite realizar múltiples funciones, como alinear objetos presentes en la escena, establecer la posición y rotación de nuevas geometrías, o definir los puntos de rotación de los objetos. Su representación en el espacio 3D se muestra en la Figura 27.

Figura 27. Representación del cursor 3D.

Para llevar a cabo ciertas funciones, es necesario que el cursor 3D pueda rotarse y posicionarse en cualquier parte del espacio. Para realizar estas operaciones, Blender ofrece las siguientes opciones:

- Mantén pulsada la tecla 'Mayúscula' y pulsa con el botón derecho del ratón en una zona de la vista 3D. El cursor 3D se posicionará en el lugar seleccionado y su rotación dependerá de la orientación de la vista en la escena 3D.
- Dentro de la pestaña 'Vista' del panel lateral oculto situado a la derecha de la vista 3D, despliega la opción 'Cursor 3D' y modifica los valores XYZ de los parámetros posición y rotación, Figura 28. Recuerda que para mostrar este panel debes pulsar la tecla 'N' o arrastrar el icono en forma de flecha, Figura 25.

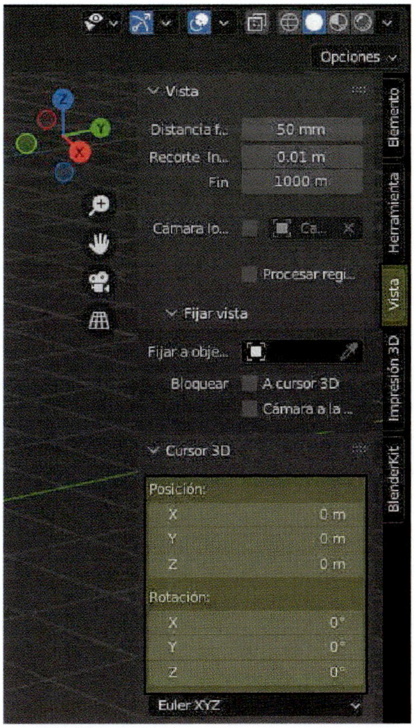

Figura 28. Valores de la posición y rotación del cursor 3D disponibles en el panel lateral.

En capítulos posteriores, se describirá con más detalle el uso del cursor 3D para facilitar el modelado de objetos.

4.2 Control de la vista

En Blender, la vista del usuario puede controlarse mediante ratón o teclado. En ambos casos, es necesario que el cursor del ratón se encuentre dentro de la ventana de la vista 3D.

Para rotar la vista se puede utilizar cualquiera de los siguientes métodos:

- Mantén pulsado el botón central del ratón y muévelo en cualquier dirección. Esto rotará la vista alrededor de un punto determinado, que por defecto se corresponde con el centro de la vista 3D. Si se desea rotar con respecto al cursor 3D, puede seleccionarse la opción 'Bloquear a cursor 3D' en el desplegable 'Fijar vista' de la pestaña 'Vista', dentro de las opciones que se encuentran en el panel lateral situado a la derecha de la vista 3D, Figura 29. Si se desea bloquear la rotación con respecto a un objeto, es necesario pulsar sobre el icono en forma de cuentagotas situado a la derecha de la opción 'Fijar a objeto' y a continuación clicar sobre el objeto deseado dentro de la vista 3D, Figura 29.

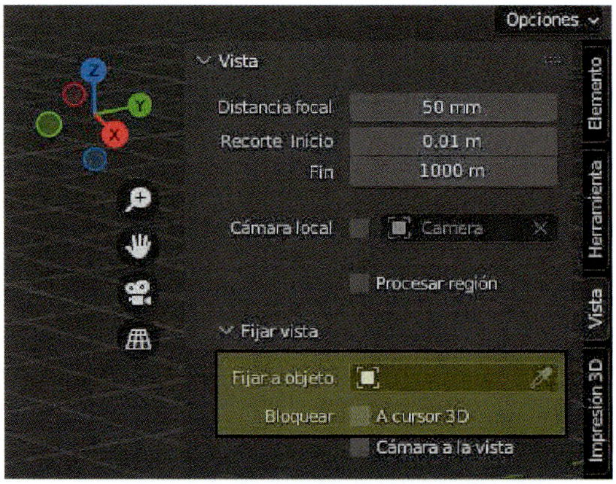

Figura 29. Controles para establecer el centro de rotación de la vista.

- Mueve el cursor del ratón sobre el manipulador situado en la parte superior derecha de la vista 3D, Figura 30. A continuación, mantén pulsada el área circular clara y mueve el ratón en cualquier dirección para rotar la escena. En Blender, los manipuladores permiten mover, rotar o escalar cualquier objeto o escena mediante flechas y puntos de control.

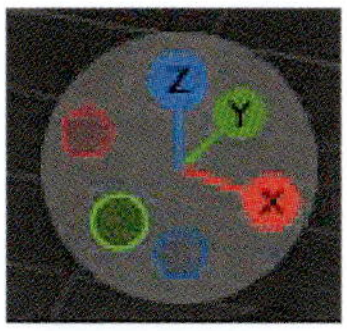

Figura 30. Manipulador utilizado para rotar la vista 3D.

- Usa las teclas '4', '6', '2' y '8' del teclado numérico para rotar la cámara hacia la izquierda, derecha, abajo y arriba respectivamente. Si tu teclado no dispone de teclado numérico, puedes emularlo mediante la opción 'Emular teclado numérico' dentro del menú 'Entrada' de la ventana de preferencias, Figura 31. Al activar esta casilla, podrás emplear los números del teclado alfanumérico para rotar la vista 3D.

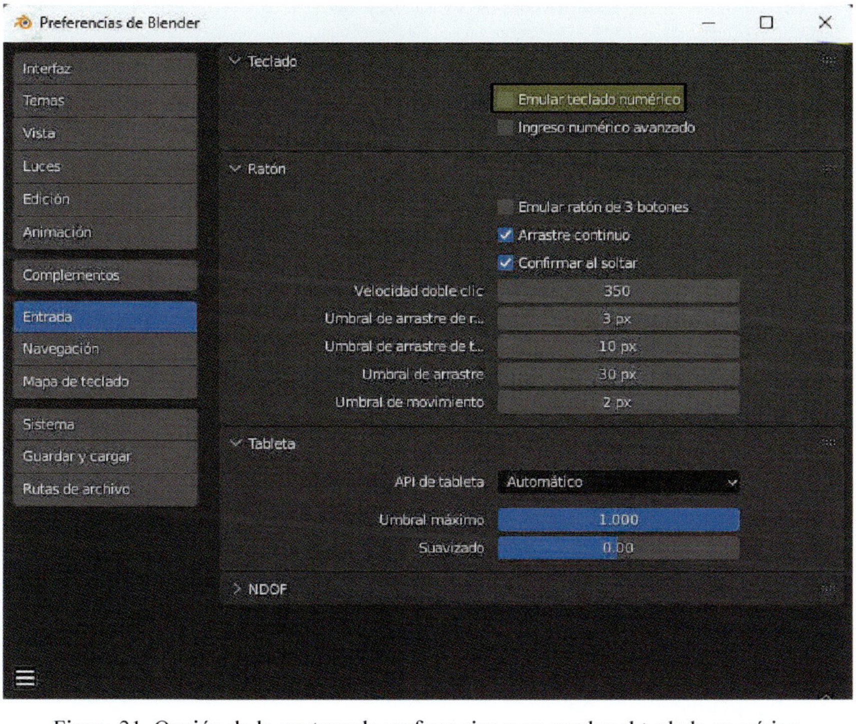

Figura 31. Opción de la ventana de preferencias para emular el teclado numérico.

- Haz clic en el menú 'Vista' dentro de la cabecera de la vista 3D, en la parte superior izquierda. A continuación, selecciona el desplegable 'Navegación' y finalmente utiliza 'Orbitar a izquierda / a derecha / arriba / abajo / a opuesto' para rotar la vista, Figura 32.

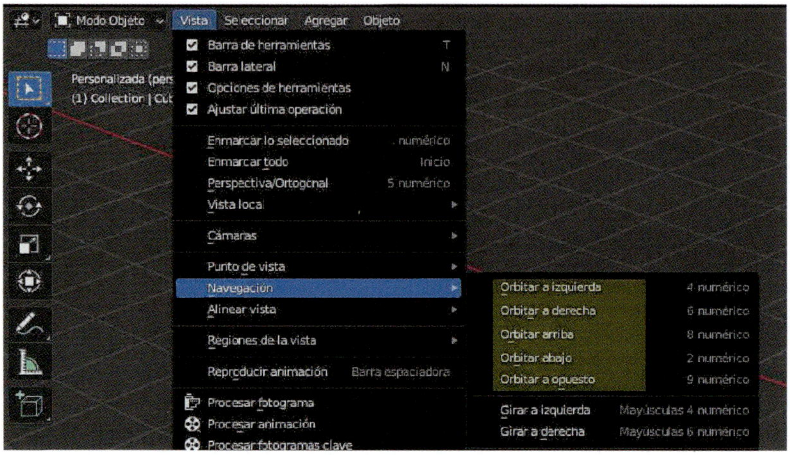

Figura 32. Opciones disponibles para la navegación en la vista 3D.

Por otra parte, para desplazar la vista 3D se puede emplear cualquiera de los siguientes métodos:

- Mantén pulsada la tecla 'Mayúscula' y el botón central del ratón mientras mueves el cursor en cualquier dirección.
- Mantén pulsada la tecla 'control' y presiona las teclas '4', '6', '2' u '8' del teclado numérico para desplazar la vista a izquierda, derecha, abajo o arriba.
- Haz clic en el menú 'Vista' en la parte superior izquierda de la vista 3D y, a continuación, selecciona el desplegable 'Navegación'. Para terminar, utiliza una de las opciones etiquetadas como 'Desplazar' para mover la vista.
- Mantén pulsada la tecla *'alt'* y clica con el botón central del ratón en una zona de la vista 3D para centrar la vista en esa área.

Finalmente, para aumentar o disminuir el *zoom* puede usarse cualquiera de las siguientes opciones:

- Gira la rueda del ratón.
- Mantén pulsada la tecla 'control' y el botón central del ratón mientras mueves el cursor hacia arriba o abajo.
- Pulsa las teclas '+' o '-' del teclado numérico para acercar o alejar la vista.
- Haz clic en el menú 'Vista' en la parte superior izquierda de la vista 3D y, a continuación, selecciona el desplegable 'Navegación'. Para terminar, utiliza las opciones 'Acercar' o 'Alejar'.

Cabe destacar que, por defecto, Blender realiza el *zoom* considerando el centro de la vista 3D como punto de referencia. Sin embargo, es posible cambiar esta configuración activando la opción 'Zoom a posición del ratón' dentro del menú 'Navegación' de la ventana de preferencias, Figura 33.

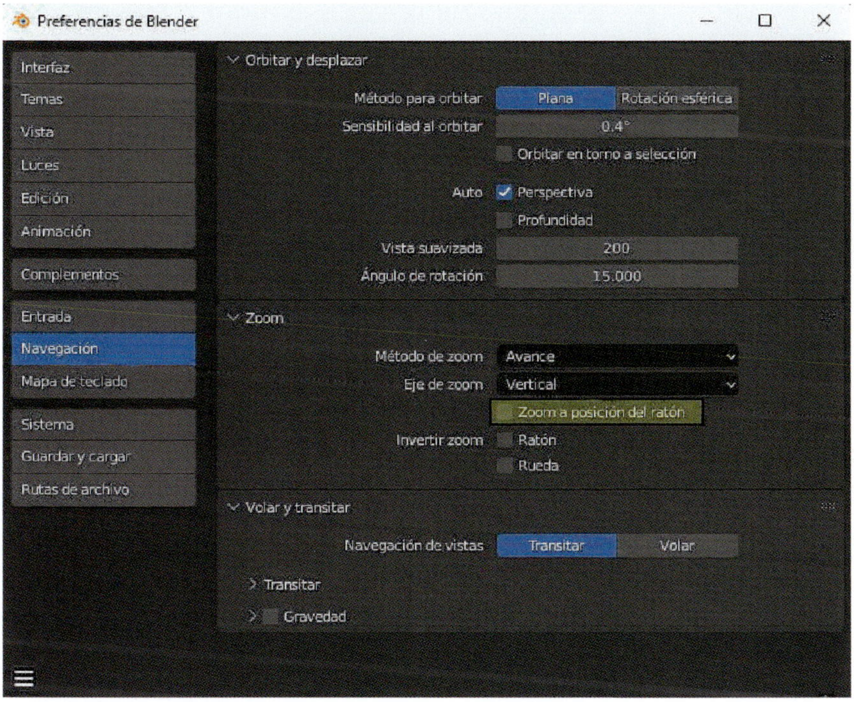

Figura 33. Opción del editor de preferencias que permite hacer *zoom* en la posición del ratón.

Aunque controlar la vista 3D empleando las opciones anteriores es de gran utilidad durante el diseño, en muchas ocasiones es necesario usar las proyecciones ortogonales en los planos XYZ. Para acceder a cada una de estas proyecciones se puede utilizar cualquiera de las siguientes opciones:

- Haz clic en el menú 'Vista' de la parte superior de la vista 3D y selecciona una de las proyecciones ortogonales disponibles dentro del desplegable 'Punto de vista' ('Superior', 'Inferior', 'Frontal', 'Atrás', 'Derecha' o 'Izquierda'), Figura 34.

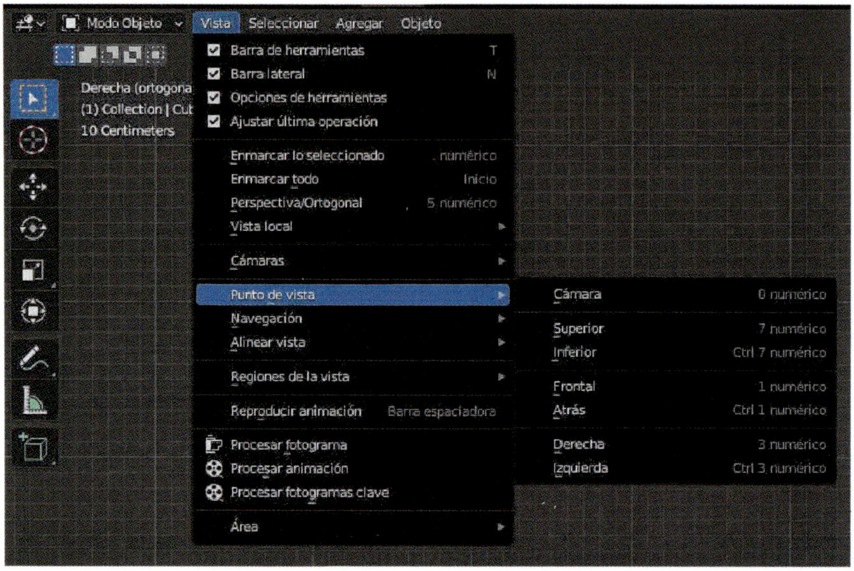

Figura 34. Opciones disponibles dentro del desplegable 'Punto de vista' que permiten controlar la vista 3D.

- Mueve el cursor al interior de la ventana de la vista 3D. A continuación, mantén pulsada la tecla 'alt' y el botón central del ratón. Para termina, mueve el cursor en una dirección. Blender mostrará la proyección ortogonal más cercana a la vista en la que te encuentres y al desplazamiento que hayas realizado con el cursor.
- Haz clic sobre uno de los ejes del manipulador de la parte superior derecha de la ventana de la vista 3D, Figura 30.
- Mueve el cursor al interior de la ventana de la vista 3D. A continuación, utiliza el teclado numérico para mostrar la vista superior (tecla '7'), la vista frontal (tecla '1') y la vista derecha (tecla '3'). También puedes mostrar las vistas inferior, atrás e izquierda manteniendo pulsada la tecla 'control' y presionando las teclas '7', '1' y '3' respectivamente.

Cada una de estas proyecciones son vistas ortogonales u ortográficas, lo que facilita algunas tareas dentro de Blender. Sin embargo, en ocasiones puede ser necesario volver a una proyección en perspectiva. Para ello, puede emplearse una de las siguientes opciones:

- Haz clic en el menú 'Vista' de la parte superior de la vista 3D y selecciona la opción 'Perspectiva / ortogonal' para alternar entre estas 2 proyecciones.
- Pulsa la tecla '5' del teclado numérico.

Pon a prueba tus conocimientos.

Divide el espacio de trabajo en 4 ventanas, dedicando 3 de ellas a las vistas ortogonales superior, frontal y derecha, y la restante a una vista en perspectiva. Esta división suele ser típica en muchos programas de diseño 3D, ya que facilita ciertas tareas.

A pesar de que es posible dividir el espacio de trabajo en 4 vistas 3D con 3 proyecciones ortogonales y una en perspectiva, el resultado conlleva a cuadruplicar el número de menús y opciones presentes en pantalla, lo que reduce el espacio de trabajo. Blender presenta la opción 'Vista cuádruple' que permite trabajar con estas 4 vistas sin tener que dividir el espacio de trabajo y sin cuadriplicar los menús y opciones disponibles. Para activarla, agrupa todas las vistas 3D obtenidas en el ejercicio anterior en una sola ventana y accede al desplegable 'Área' del menú 'Vista', Figura 35.

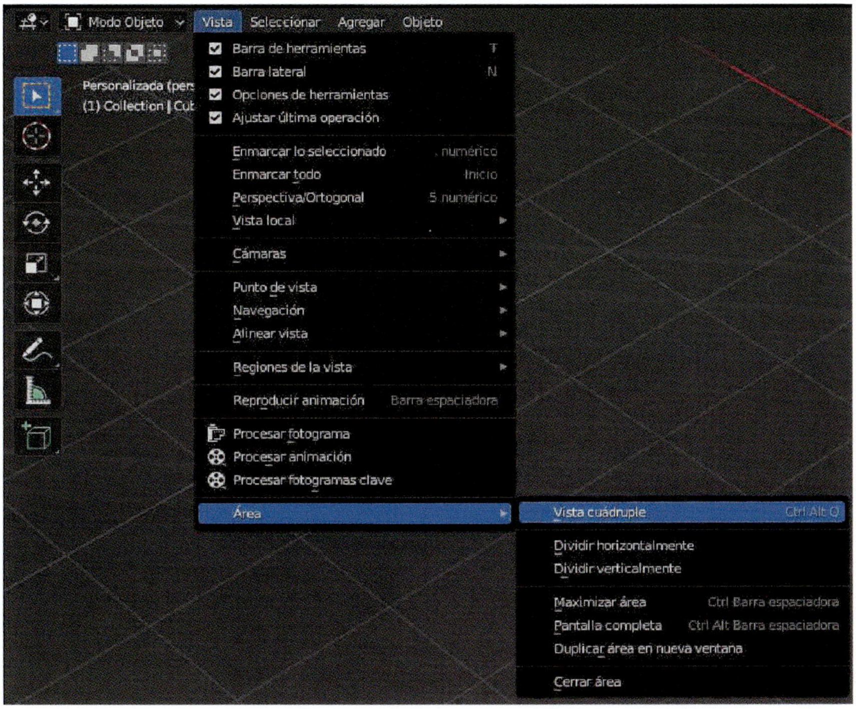

Figura 35. Opción para mostrar 4 vistas de forma simultánea.

Además de las proyecciones ortogonales, existen otras funciones que permiten mejorar la experiencia de diseño. Entre las herramientas disponibles, se encuentra la opción 'Enmarcar lo seleccionado', accesible desde el menú 'Vista', Figura 36. Esta opción permite centrarse en el objeto seleccionado, lo que reduce tiempos de alineación de la vista. Para acceder rápidamente a esta función puede utilizarse la tecla '.' del teclado numérico.

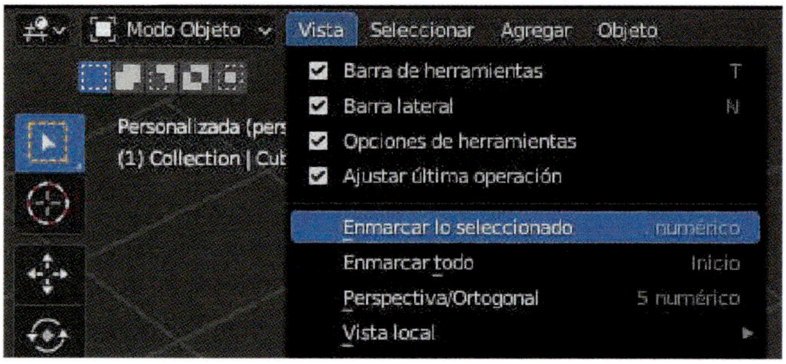

Figura 36. Opción para centrar la cámara en el objeto seleccionado.

Otra herramienta que puede ser útil durante el diseño es 'Alternar vista local', la cual se encuentra dentro del desplegable 'Vista local' del menú 'Vista', Figura 37. Esta herramienta aísla el objeto o los objetos seleccionados, ocultando el resto. También puedes acceder rápidamente a esta función pulsando la tecla '/' del teclado numérico.

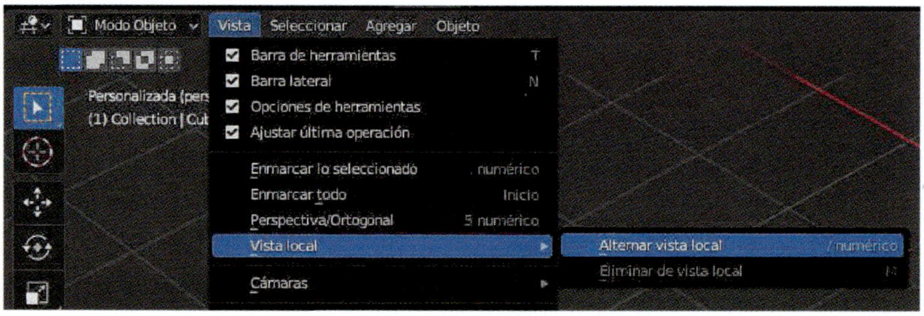

Figura 37. Opción para aislar uno o varios objetos y ocultar el resto.

4.3 Vista cámara

Las cámaras son objetos utilizados como punto de vista al renderizar una escena. En Blender cualquier objeto puede actuar como tal, aunque lo habitual es utilizar un objeto de tipo cámara, ya que presenta propiedades similares a las de una cámara real. Por defecto, al iniciar un nuevo proyecto, Blender crea una cámara. Para poder ver el punto de vista de dicha cámara existen 2 posibilidades:

- Pulsa sobre la opción 'Cámara activa' dentro del desplegable 'Cámara' del menú 'Vista', Figura 38

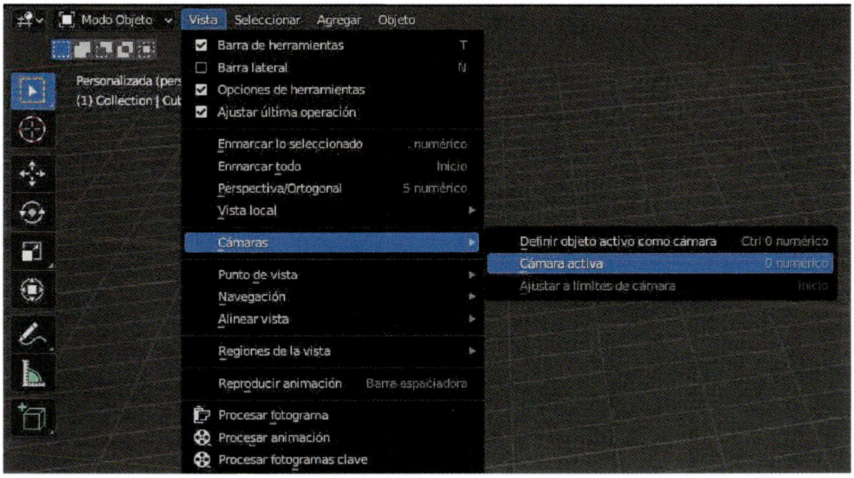

Figura 38. Opción para mostrar la vista de la cámara activa.

- Pulsa la tecla '0' del teclado numérico.

Por defecto, la vista de la cámara no puede rotarse o moverse mediante el botón central del ratón o las combinaciones de teclas descritas anteriormente. Si se intenta utilizar algunas de estas teclas dentro de la vista de la cámara, automáticamente Blender cambiará a la vista en perspectiva. Para evitar esto y poder controlar la cámara mediante el botón central del ratón y el teclado, es necesario activar la opción 'Cámara a la vista' disponible en la pestaña 'Vista' del panel lateral de la parte superior derecha de la vista 3D, Figura 39.

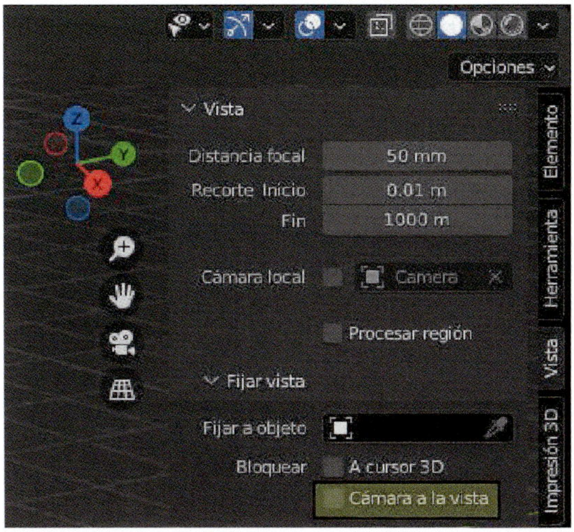

Figura 39. Opción disponible en el panel lateral de la vista 3D que permite mover y rotar la cámara mediante ratón y teclado.

Otra posibilidad que ofrece Blender para trabajar con la cámara es la opción 'Alinear cámara activa a la vista', disponible en el desplegable 'Alinear vista' del menú 'Vista', Figura 40. Esta herramienta sincroniza momentáneamente la posición y rotación de la cámara activa con la vista del usuario. También puedes pulsar la combinación de teclas 'Crtl+Alt+0' para ejecutar esta función.

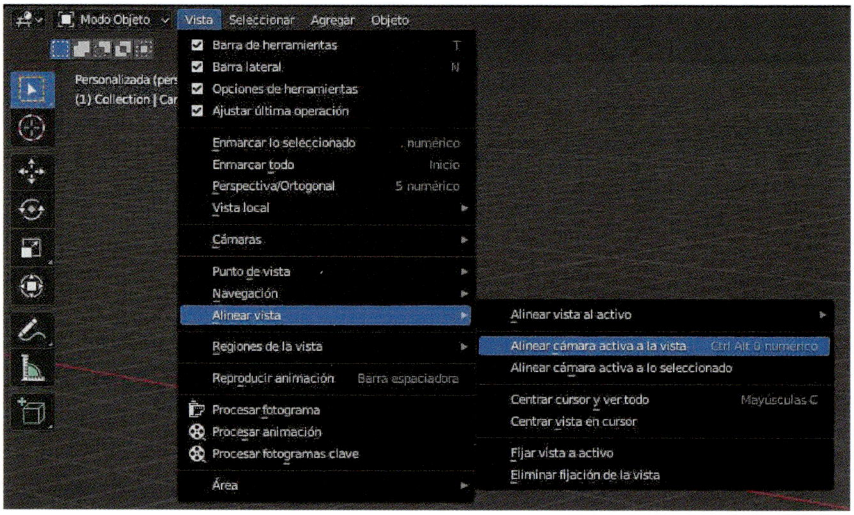

Figura 40. Opción para alinear la cámara activa con la vista del usuario.

Además de estas opciones, la cámara puede moverse mediante las herramientas disponibles en Blender para el movimiento y rotación de objetos. Estas herramientas se describirán en apartados posteriores.

4.4 Opciones de la vista 3D

En la parte derecha de la cabecera de la vista 3D, existen diferentes botones y desplegables destinados a mejorar la experiencia del usuario, Figura 41.

Figura 41. Conjunto de botones y desplegables situados en la parte derecha de la cabecera de la vista 3D.

De izquierda a derecha, los botones y desplegables mostrados en la Figura 41 son los siguientes:

- **Visibilidad por tipo.** Permite ocultar o mostrar un tipo determinado de objeto, ya sean mallas, curvas, superficies, luces, cámaras, etc.

- **Manipuladores.** Permite ocultar o mostrar los diferentes manipuladores disponibles en Blender.
- **Sobreimpresos.** Permite ocultar o mostrar la rejilla situada en el suelo del escenario, modificar su tamaño, mostrar las estadísticas relacionadas con el número de vértices y polígonos, ocultar el cursor 3D, etc.
- **Rayos X.** Activa el modo rayos X, el cual aplica una transparencia a los objetos con el fin de poder ver a través de ellos.
- **Sombreado de la vista.** Permite establecer el modo en el que se dibujan los objetos. También es posible acceder a estos modos de dibujo colocando el cursor dentro de la vista 3D y pulsando la tecla 'Z'. Existen 4 modos:
    - **Estructura.** Muestra solo las aristas de los objetos. Puede variarse el color de las aristas utilizando las opciones disponibles dentro del desplegable.
    - **Sólido.** Representa los objetos utilizando colores. Se emplea una luz general y no se incluyen sombras. La luz, el color de los objetos y el fondo pueden modificarse desde el desplegable.
    - **Previsualización de materiales.** Muestra los objetos de la escena con sus materiales. Se emplea como sistema de iluminación un entorno HDRi[3]. En este modo de dibujo es posible cambiar dicho entorno o utilizar las fuentes de luz de la escena.
    - **Procesado.** Renderiza la escena utilizando el motor de render seleccionado. Se incluyen luces, sombras, reflejos, etc. La calidad del renderizado depende de los parámetros seleccionados en la pestaña 'Propiedades de procesamiento' de la ventana de propiedades, Figura 22.

---

[3] Las fotografías obtenidas mediante una cámara de fotos convencional son imágenes LDR (*Low Dynamic Range*). Estas imágenes contienen solo una pequeña cantidad de información de luces y sombras de la escena fotografiada. En una imagen HDRi (*High Dynamic Range Imaging*) se captura una mayor cantidad de información relativa a las luces y sombras de la escena, lo que proporciona fotografías más cercanas a la realidad. En Blender es posible utilizar una fotografía HDRi como fuente de luz para nuestra escena y así obtener imágenes con mayor realismo. Además, esta fotografía HDRi puede ser esférica, es decir, tomada mediante una cámara que cubre un ángulo de visión de 360º. A esta imagen de 360º y con un alto rango dinámico se le conoce como entorno HDRi.

Capítulo V.
Modo objeto

La vista 3D presenta diferentes modos de trabajo dependiendo del objeto seleccionado. En cualquier momento, es posible conocer o modificar el modo de trabajo utilizando el desplegable de la parte superior izquierda de la cabecera de la vista 3D, Figura 42.

Figura 42. Desplegable situado en la parte superior izquierda de la vista 3D que permite seleccionar el modo de trabajo.

La opción 'Modo objeto' es común para todos los objetos y desde este modo es posible seleccionar, eliminar, añadir, mover, rotar o escalar objetos.

5.1 Seleccionar

Por defecto, la selección se realiza pulsando sobre el objeto deseado con el botón izquierdo del ratón. Para evitar operaciones no deseadas durante la selección, se recomienda activar el botón 'Seleccionar (marco)' que se encuentra en la barra de herramientas situada a la izquierda de la vista 3D, Figura 43.

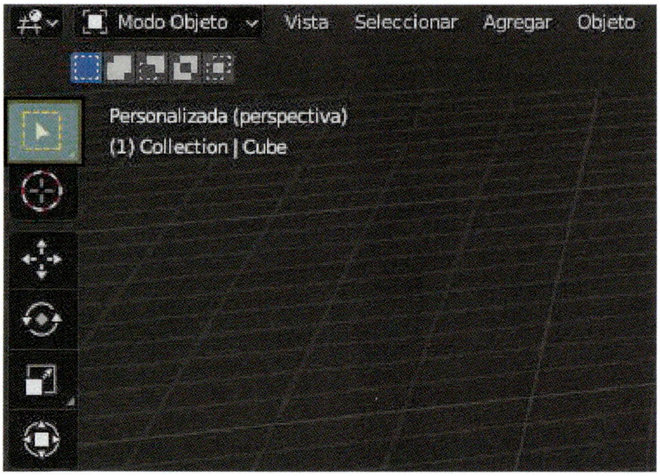

Figura 43. Botón 'Seleccionar (marco)' de la barra de herramientas situada a la izquierda de la vista 3D.

Si se desea seleccionar varios objetos desde la vista 3D, puede utilizarse uno de los siguientes métodos:

- Mantén pulsada la tecla 'Mayúscula' y a continuación clica con el botón izquierdo del ratón sobre todos los objetos que deseas seleccionar.
- Arrastra un marco rectangular de selección manteniendo pulsado el botón izquierdo del ratón. El marco de selección debe abarcar parcial o totalmente los objetos que se desean seleccionar.

Por otra parte, en caso de querer seleccionar todos los objetos de una escena, puedes emplear la opción 'Todos' del menú 'Seleccionar', Figura 44, o bien presionar la tecla 'A' con el cursor del ratón dentro de la vista 3D.

Figura 44. Opción que permite seleccionar todos los objetos de la escena.

También es posible seleccionar uno o varios objetos desde la ventana listado, situada en la parte superior derecha de la ventana de Blender, Figura 45.

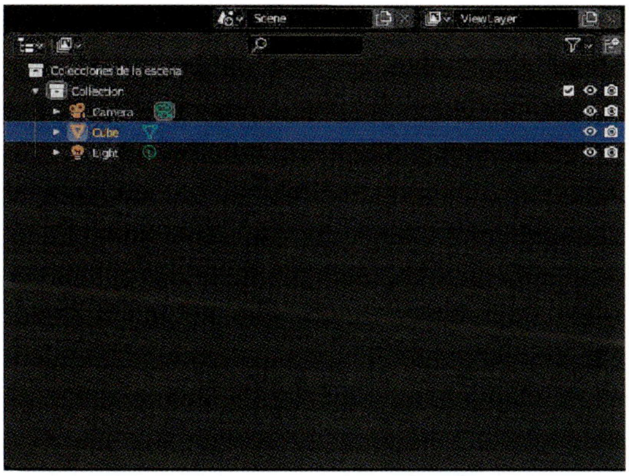

Figura 45. Ventana listado con el objeto «Cube» seleccionado.

Para seleccionar un objeto desde la ventana listado, haz clic con el botón izquierdo del ratón sobre su nombre. Si además mantienes pulsada la tecla 'control' y clicas sobre otros objetos, podrás realizar una selección múltiple. Otra forma de seleccionar varios objetos es arrastrar el cursor y crear un marco de selección dentro de la ventana listado. Esta última operación también puede realizarse siguiendo el siguiente procedimiento:

- Pulsa un primer objeto con el botón izquierdo del ratón. Este objeto forma el primer límite de la caja de selección.
- Mantén presionada la tecla 'Mayúscula'.
- Pulsa un segundo objeto con el botón izquierdo del ratón. Este objeto forma el segundo límite de la caja de selección.

Por defecto, cuando se selecciona un objeto, Blender lo rodea con un contorno de color naranja en la vista 3D y lo marca en azul en la ventana listado. Asimismo, la ventana propiedades se actualiza con la información del objeto seleccionado. Por otra parte, si se seleccionan varios objetos, Blender rodeará el último objeto seleccionado con un contorno naranja claro y el resto con un color naranja oscuro. Además, en la ventana listado, se marcará el último objeto seleccionado con color azul claro y el resto con azul oscuro. El objeto seleccionado con un color claro se denomina objeto activo y muchas de las acciones disponibles en Blender utilizan este objeto como referencia. De este modo, en la ventana propiedades solo se muestra información del objeto activo, obviando las propiedades del resto de objetos. Si se desea cambiar el objeto activo en una selección múltiple, debe mantenerse presionada la tecla 'Mayúscula' y pulsar con el botón izquierdo del ratón sobre el objeto deseado.

5.2 Deseleccionar

Para deseleccionar un objeto de una selección múltiple, es necesario que este sea un objeto activo. Tras activar el objeto siguiendo el procedimiento ya comentado, puede deseleccionarse manteniendo presionada la tecla 'Mayúscula' y pulsando sobre él con el botón izquierdo del ratón.

Por otra parte, si se desea cancelar la totalidad de una selección puede hacerse clic con el botón izquierdo del ratón sobre cualquier zona vacía de la vista 3D o la ventana listado. Esta operación también puede realizarse mediante el teclado utilizando el atajo 'Alt+A'.

5.3 Eliminar objetos

Al seleccionar uno o varios objetos, es posible eliminarlos utilizando una de las siguientes opciones:

- Coloca el cursor dentro de la vista 3D y pulsa el botón derecho del ratón. Del menú emergente selecciona la opción 'Borrar'.
- Pulsa la tecla suprimir.
- Pulsa la tecla 'X' y a continuación selecciona 'Borrar' del menú emergente.
- Haz clic con el botón derecho del ratón sobre uno de los objetos seleccionados dentro de la ventana listado y escoge la opción 'Borrar' en el menú desplegable.

5.4 Añadir objetos

Los objetos que pueden añadirse en Blender dependen de los complementos que se hayan activado en el editor de preferencias, Figura 20. Entre los objetos disponibles por defecto en Blender, los más básicos son:

- **Mallas.** En este desplegable se encuentran geometrías primitivas y otros objetos basados en la unión de polígonos. Estos objetos constituyen la base del diseño 3D en Blender y serán los más utilizados en este manual.
- **Curvas.** Objetos formados por líneas curvas o rectas que pueden modificarse mediante puntos de control.
- **Texto.** Es un tipo específico de curva que permite generar objetos a partir de las fuentes de texto instaladas en el sistema.

- **Luces.** Permiten iluminar la escena y generar sombras.
- **Cámaras.** Presentan propiedades características de una cámara real y definen el área visible al renderizar la escena.
- **Imagen de referencia.** Se trata de una imagen que no se renderiza y que permite facilitar el diseño de un objeto.

Todos los objetos que se añadan a una escena se situarán y orientarán utilizando las coordenadas del cursor 3D. Para añadir un objeto a la escena puede emplearse uno de los siguientes métodos:

- Haz clic en el menú 'Agregar' en la parte superior izquierda de la vista 3D y selecciona el objeto que desees añadir.
- Mueve el cursor al interior de la vista 3D y pulsa la combinación de teclas 'Mayúscula + A'. Del menú emergente selecciona el objeto que desees añadir. En la Figura 46 se muestra el menú emergente con el desplegable 'Malla' activado.

Figura 46. Menú emergente que permite añadir objetos a la escena.

Una vez creado un objeto en la escena, Blender ofrece la opción de definir algunos parámetros de diseño mediante un panel desplegable que se encuentra en la parte inferior izquierda de la pantalla. Este panel solo es visible durante la creación de un nuevo objeto. Si se realiza cualquier otra operación, se aceptarán los parámetros de creación y el panel no se mostrará de nuevo. En la Figura 47 se recoge una captura de pantalla de la vista 3D con las opciones disponibles al crear un cubo.

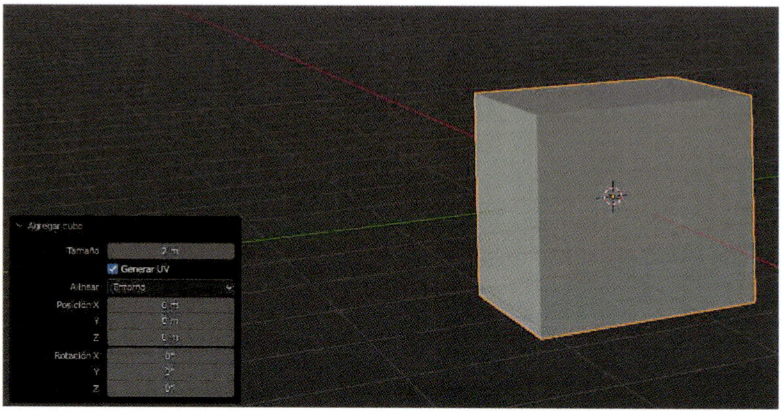

Figura 47. Vista 3D donde se muestra en la parte inferior izquierda el panel con los parámetros de creación de un cubo.

Dependiendo del objeto, los parámetros mostrados en el panel de creación serán diferentes y solo se mantendrán los campos de posición y rotación. En la mayoría de los objetos de tipo malla el panel también muestra una o varias opciones destinadas al tamaño del objeto y a la resolución. Esta resolución depende del número de vértices o polígonos que forman el objeto. Por ejemplo, al añadir un cilindro, el panel de creación incluye el número de vértices que forman la base del cilindro, el radio, la altura, la posición y la rotación.

También es posible añadir un objeto a la escena mediante la función importar, la cual se encuentra en el menú 'Archivo'. Blender ofrece la posibilidad de importar archivos de objetos 2D y 3D. Así, es posible importar curvas en formato SVG u objetos tridimensionales en formato OBJ, FBX, STL o DAE. Además, existen complementos que habilitan la importación o exportación en otros formatos de archivo que por defecto no están incluidos en la instalación de Blender.

5.4.1 *Blenderkit online asset library*

Además de las opciones descritas anteriormente, el complemento *blenderkit online asset library* permite añadir objetos desde una biblioteca online hasta nuestra escena. Para ello, se busca el objeto que se desea incorporar a la escena utilizando el cuadro de texto incluido en la barra de *blenderkit*, situada en la parte superior central de la vista 3D, Figura 48. Posteriormente, se arrastra uno de los objetos de la lista a la escena o se hace clic sobre él.

Figura 48. Barra de búsqueda del complemento *blenderkit* activada.

Los objetos que presentan un candado dentro de la lista del complemento *blenderkit* solo están disponibles para usuarios con una suscripción de pago. Por lo tanto, si no dispones de esta suscripción, puedes posicionar los objetos gratuitos en primer lugar activando la opción '*Free first*' desde la pestaña '*Blenderkit*' del panel lateral disponible en la parte superior derecha de la vista 3D, Figura 49.

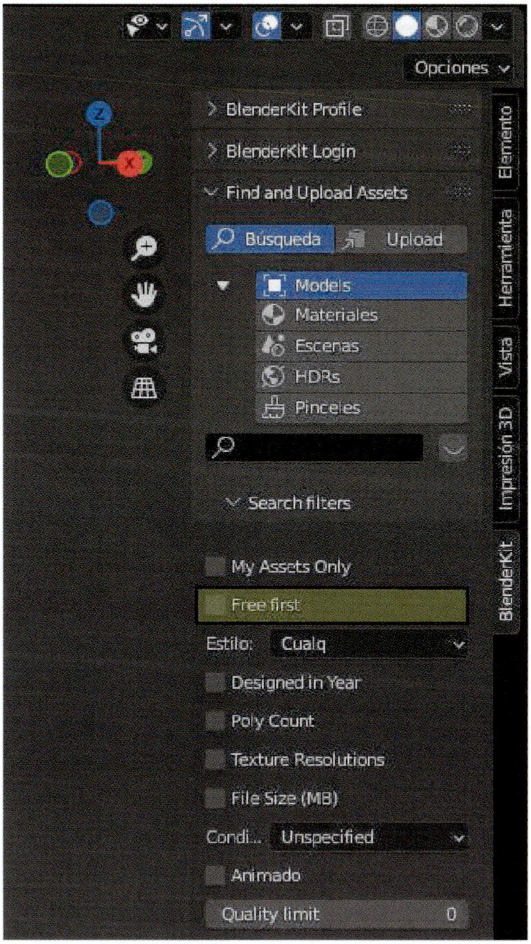

Figura 49. Panel lateral de la vista 3D con la opción '*Free first*' del complemento *blenderkit* marcada.

Blenderkit también permite asignar materiales creados por otros usuarios a objetos de tu escena. Para ello, es necesario cambiar el tipo de objeto a materiales utilizando el segundo botón de la barra de *blenderkit*, Figura 50. A continuación, se realiza la búsqueda usando el cuadro de texto y finalmente se arrastra el material al objeto deseado.

Figura 50. Barra de *blenderkit* con la opción de materiales marcada.

En este libro únicamente se empleará el complemento *blenderkit* en un ejercicio con la finalidad de practicar las operaciones más básicas ligadas a objetos.

5.4.2 Duplicar objetos

Otra alternativa para añadir un nuevo objeto es duplicar uno ya existente. Para ello debe seleccionarse en primer lugar el objeto que se desea duplicar y posteriormente realizar una de las siguientes acciones:

- Pulsa sobre la opción 'Duplicar' disponible dentro del menú 'Objeto' situado en la parte superior izquierda de la vista 3D, Figura 51.

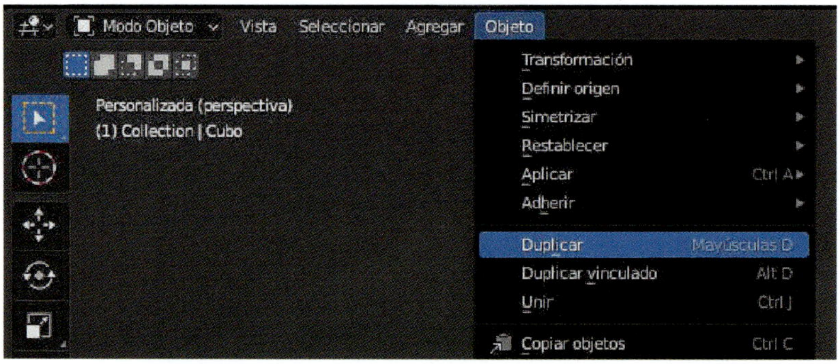

Figura 51. Opción para duplicar objetos incluida dentro del menú 'Objeto'.

- Con el cursor dentro de la vista 3D, pulsa la combinación de teclas 'Mayúscula+D' para duplicar el objeto seleccionado.
- Pulsa sobre la opción 'Duplicar vinculado' del menú 'Objeto' situado en la parte superior izquierda de la vista 3D. Con esta función además de duplicar el objeto se establece un vínculo entre los 2 objetos, de tal forma que cualquier modificación en la malla de un objeto afecta al otro.
- Con el cursor dentro de la vista 3D, pulsa la combinación de teclas 'Alt+D' para duplicar y vincular el objeto seleccionado.

5.5 Propiedades de objetos

Todos los objetos creados en Blender están definidos por un conjunto de propiedades que pueden visualizarse y editarse desde la ventana propiedades, situada en la parte derecha de cualquier espacio de trabajo.

Existen algunas propiedades comunes para todos los objetos, como aquellas encontradas en la pestaña 'Propiedades de objetos', Figura 52. Dentro de esta pestaña es posible modificar el nombre del objeto, conocer o establecer la posición, rotación y escala de los objetos, o incluso ocultar o mostrar el objeto en la escena durante la edición o el renderizado.

Figura 52. Pestaña 'Propiedades de objetos' seleccionada, dentro de la ventana propiedades.

Otras pestañas, como 'Propiedades de datos del objeto', varían dependiendo del objeto seleccionado. Así, en un objeto de tipo lámpara, las propiedades presentes en esta pestaña permiten modificar el tipo de luz, su color o su intensidad, Figura 53. Otro

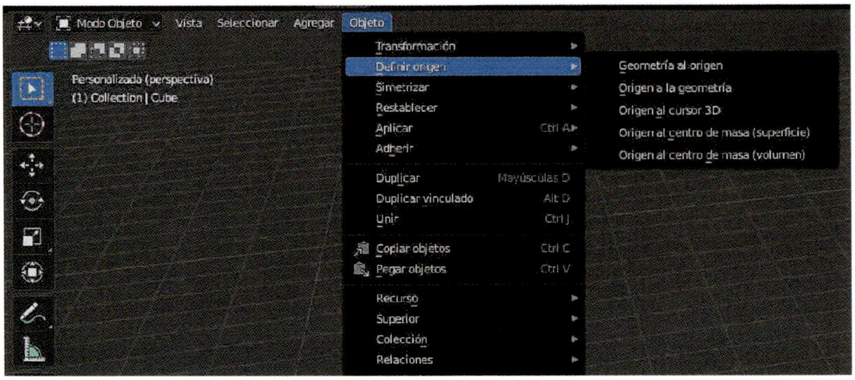

Figura 58. Opciones del desplegable 'Definir origen' contenido en el menú 'Objeto'.

- **Espacio global.** Se trata de un sistema de coordenadas 3D en el que los ejes XYZ se corresponden con los ejes de la escena. En Blender los ejes X, Y, y Z son representado por una línea roja, una verde y una azul respectivamente.
- **Espacio local.** Se trata de un sistema de coordenadas 3D en el que los ejes XYZ dependen de la orientación del objeto en el espacio.

En la Figura 59 se muestran los manipuladores de transformación global y local de un objeto orientado de forma aleatoria.

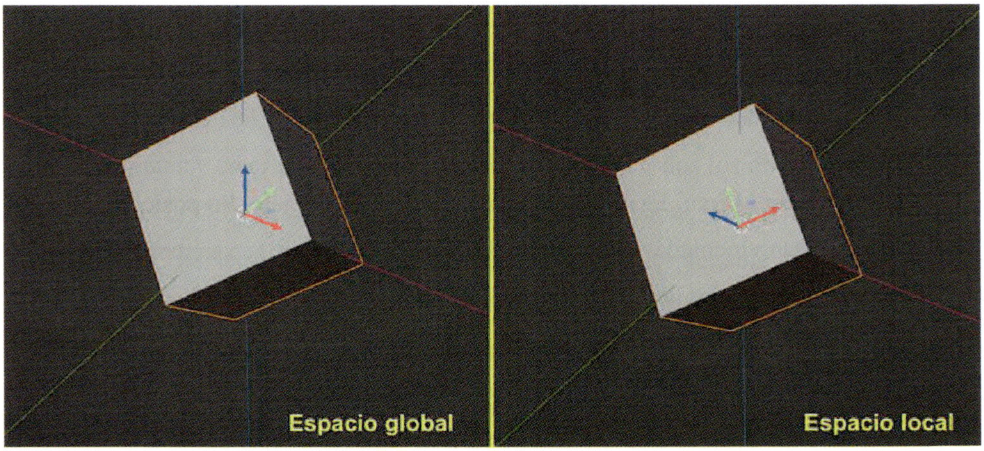

Figura 59. Espacios global y local representados por los manipuladores de transformación de un objeto.

Por defecto, al iniciar un proyecto, Blender trabaja en el espacio global. Para cambiar al espacio local pulsa sobre el desplegable 'Orientación de las transformaciones' situado en la parte superior central de la vista 3D, Figura 60, y selecciona la opción 'Local'.

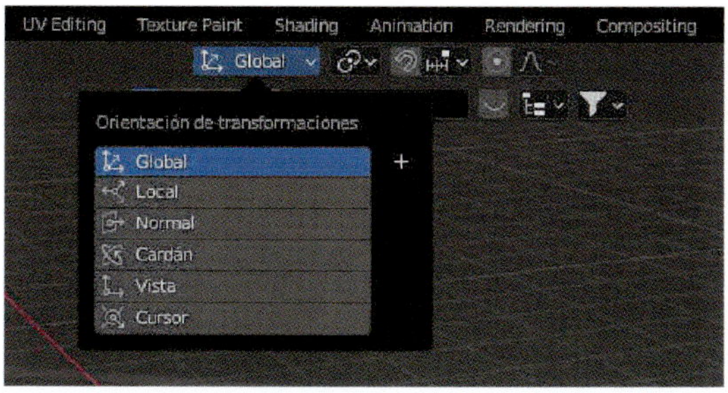

Figura 60. Desplegable que permite cambiar de espacio global a local y viceversa.

5.6.3.1 Mover objetos

Para mover un objeto, activa el botón 'Seleccionar (marco)' de la barra de herramientas situada a la izquierda de la vista 3D, Figura 43, selecciona el objeto deseado y emplea a continuación cualquiera de los siguientes métodos:

- Haz clic sobre la opción 'Mover' dentro del menú desplegable 'Manipuladores' situado en la parte superior derecha de la vista 3D, Figura 61. En esta misma figura aparecen señalados los tres ejes del manipulador que permiten, mediante arrastre, mover el objeto en la dirección deseada. También se pueden utilizar los pequeños cuadrados de color azul, rojo y verde situados cerca de los ejes del manipulador para mover el objeto en un plano determinado.

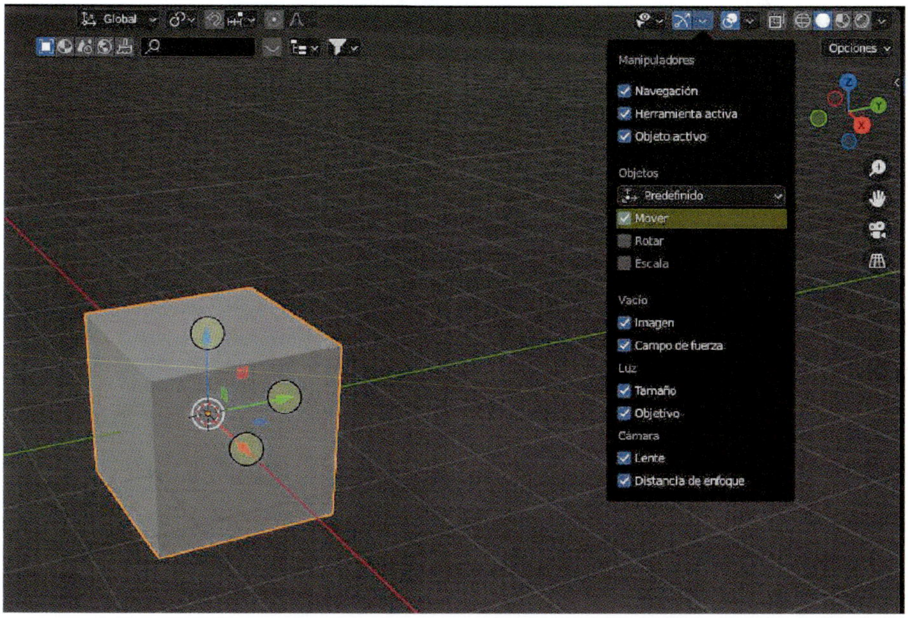

Figura 61. Opción 'Mover' activada dentro del desplegable 'Manipuladores'.

- Pulsa sobre el botón 'Mover' de la barra de herramientas situada a la izquierda de la vista 3D, Figura 62, y arrastra uno de los ejes del manipulador de transformación del objeto.

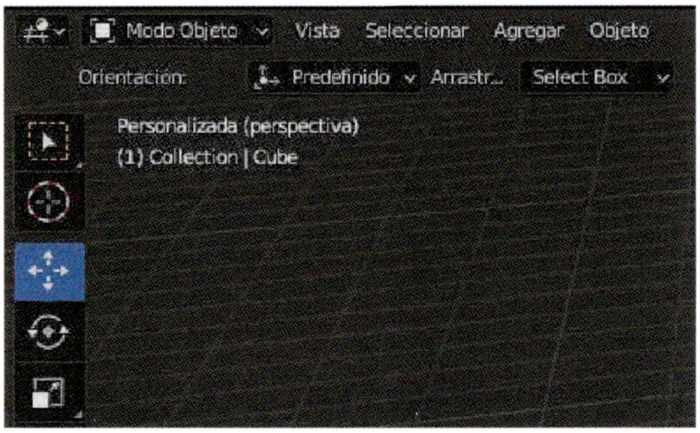

Figura 62. Botón 'Mover' de la barra de herramientas situada a la izquierda de la vista 3D.

- Establece nuevos valores en los cuadros de texto del grupo 'Posición' que se encuentra dentro de la pestaña 'Elemento' del panel lateral situado en la parte superior derecha de la vista 3D, Figura 63. Recuerda que puedes mostrar este panel pulsando la tecla 'N' o arrastrando la pestaña con el icono en forma de flecha, Figura 25. Esta misma información también está disponible en la pestaña 'Propiedades de objetos' de la ventana propiedades, Figura 52.

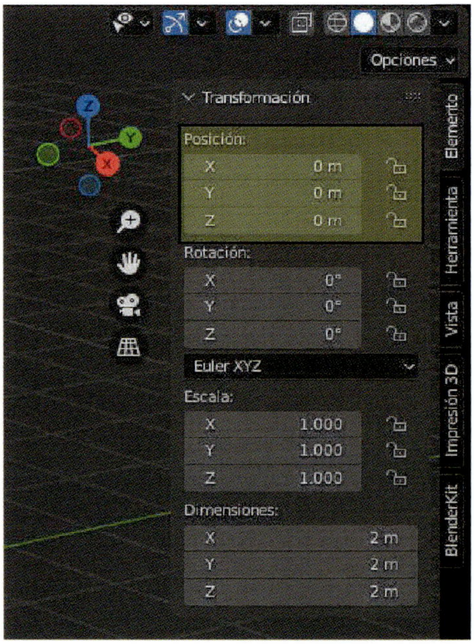

Figura 63. Cuadros de texto para establecer o visualizar las coordenadas del objeto en la escena.

- Pulsa la tecla 'G' para activar la operación de movimiento del objeto. A continuación, mueve el ratón para desplazar el objeto en cualquier dirección. Una vez colocado el objeto en el lugar deseado pulsa el botón izquierdo del ratón para confirmar la acción. Para cancelar la operación puedes utilizar la tecla 'escape' o el botón derecho del ratón. Si durante esta transformación deseas limitar el movimiento en uno de los ejes, pulsa las teclas 'X', 'Y' o 'Z' y mueve el ratón en cualquier dirección. Dependiendo de la opción seleccionada en el desplegable 'Orientación de las transformaciones', Figura 60, el objeto se moverá utilizando el espacio global o local. Si deseas alternar entre estos 2 espacios momentáneamente, puedes volver a presionar una segunda vez las teclas 'X', 'Y' o 'Z'. Conviene tener en cuenta que esta opción no afecta al desplegable 'Orientación de las transformaciones'.

  Por otra parte, una vez activado el movimiento en un eje, es posible escribir el valor de desplazamiento utilizando el teclado. Este valor se visualizará en la parte superior izquierda de la vista 3D, Figura 64. Para aceptar el valor introducido presiona 'Intro'. Finalmente, si deseas limitar el movimiento en un plano determinado pulsa la combinación de teclas 'Mayúscula+X' (plano YZ), 'Mayúscula+Y' (plano XZ) o 'Mayúscula+Z' (plano XY).

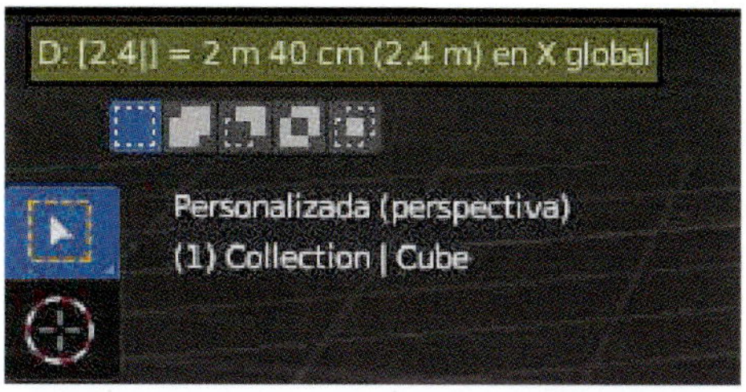

Figura 64. Desplazamiento del objeto en 2 m y 40 cm en el eje X mediante las teclas 'G' y 'X' y el valor numérico 2.4.

5.6.3.2 Rotar objetos

Para rotar un objeto, activa el botón 'Seleccionar (marco)' de la barra de herramientas situada a la izquierda de la vista 3D, Figura 43, selecciona el objeto deseado y emplea a continuación cualquiera de los siguientes métodos:

- Pulsa sobre la opción 'Rotar' dentro de las opciones disponibles del menú desplegable 'Manipuladores' situado en la parte superior derecha de la vista 3D,

Figura 65. En esta misma figura se muestra sobre el objeto un manipulador en forma de tres discos de color rojo, azul y verde. Arrastra uno de estos discos para rotar el objeto en la dirección deseada.

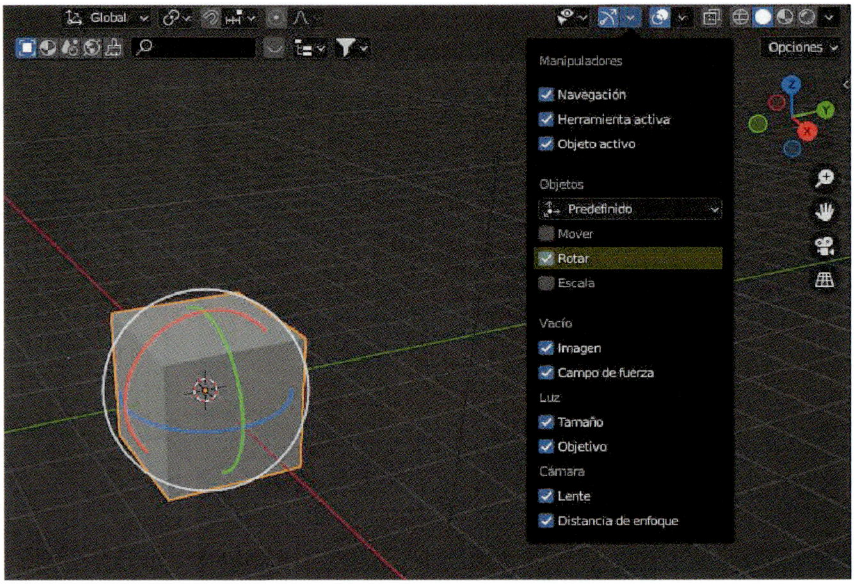

Figura 65. Opción 'Rotar' activada dentro del desplegable 'Manipuladores'.

- Pulsa sobre el botón 'Rotar' de la barra de herramientas situada a la izquierda de la vista 3D, Figura 66, y arrastra uno de los discos del manipulador del objeto.

Figura 66. Botón 'Rotar' de la barra de herramientas situada a la izquierda de la vista 3D.

- Establece nuevos valores en los cuadros de texto del grupo 'Rotación' etiquetados como 'X', 'Y' y 'Z' que se encuentran dentro de la pestaña 'Elemento' del panel lateral situado en la parte superior derecha de la vista 3D, Figura 67. Esta misma información también está disponible en la pestaña 'Propiedades de objetos' de la ventana propiedades, Figura 52.

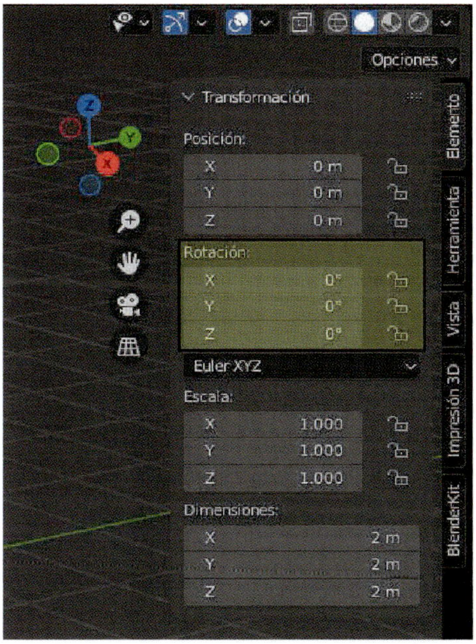

Figura 67. Cuadros de texto para establecer o visualizar las coordenadas de rotación del objeto.

- Pulsa la tecla 'R' para activar la operación de rotación. A continuación, mueve el ratón para rotar el objeto en cualquier dirección y pulsa el botón izquierdo del ratón para confirmar la acción. Para cancelar la operación, usa la tecla 'escape' o el botón derecho del ratón. Si deseas limitar la rotación en uno de los ejes, pulsa las teclas 'X', 'Y' o 'Z'. Presiona una segunda vez las teclas 'X', 'Y' o 'Z' para cambiar momentáneamente de espacio global a local o viceversa. Además, es posible establecer un valor exacto durante la operación escribiendo dicho valor y presionando la tecla 'Intro'.

Por defecto, la operación de rotación se realiza considerando el origen del objeto como punto de rotación o punto de pivote. Sin embargo, también es posible rotar un objeto con respecto a otro punto. Para ello, se utilizan las opciones disponibles en el menú desplegable 'Pivote para transformaciones' situado en la parte superior central de la vista 3D, Figura 68. Así, es posible rotar un objeto estableciendo por ejemplo el cursor 3D como punto de rotación.

Figura 68. Opciones disponibles en el desplegable 'Pivote para transformaciones'.

5.6.3.3 Escalar objetos

Al igual que ocurre con las operaciones de movimiento y rotación, se puede escalar un objeto activando el botón 'Seleccionar (marco)' de la barra de herramientas situada a la izquierda de la vista 3D, Figura 43, para a continuación seleccionar el objeto deseado y emplear uno de los siguientes métodos:

- Pulsa sobre la opción 'Escala' dentro de las opciones disponibles del menú desplegable 'Manipuladores' situado en la parte superior derecha de la vista 3D, Figura 69. A continuación, arrastra uno de los ejes del manipulador del objeto.

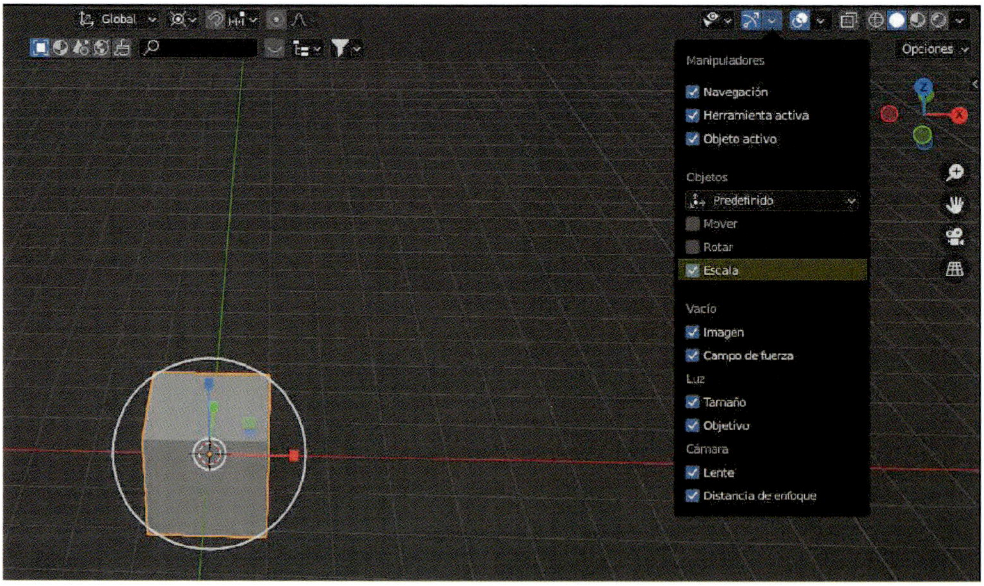

Figura 69. Opción 'Escala' activada dentro del desplegable 'Manipuladores'.

- Pulsa sobre el botón 'Escalar' de la barra de herramientas situada a la izquierda de la vista 3D, Figura 70, y arrastra uno de los ejes del manipulador del objeto.

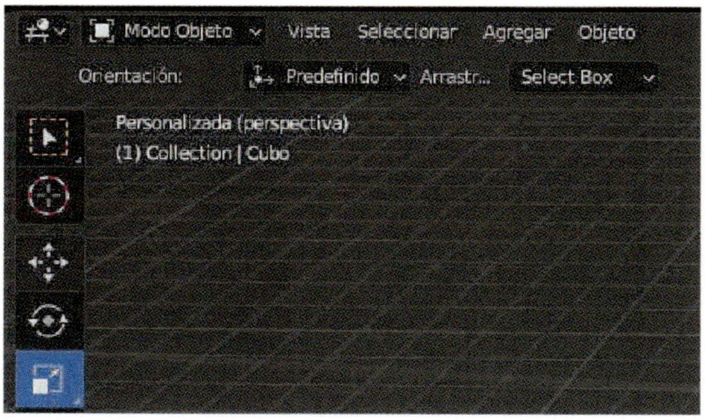

Figura 70. Botón 'Escalar' de la barra de herramientas situada a la izquierda de la vista 3D.

- Establece nuevos valores en los cuadros de texto etiquetados como 'X', 'Y' y 'Z' del grupo 'Escala' o 'Dimensiones', que se encuentran dentro de la pestaña 'Elemento' del panel lateral situado en la parte superior derecha de la vista 3D, Figura 71. Aunque ambos grupos de propiedades permiten escalar el objeto, el grupo 'Escala' se utiliza para imponer un valor relativo mientras que el grupo 'Dimensiones' permite definir en valor absoluto el tamaño del objeto.

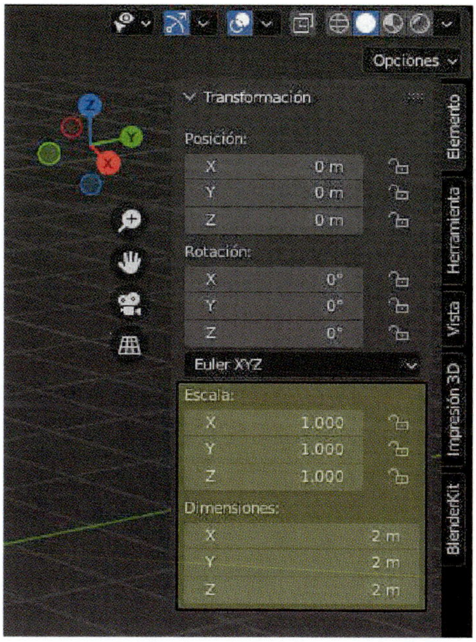

Figura 71. Cuadros de texto para establecer o visualizar la escala y las dimensiones de un objeto.

- Pulsa la tecla 'S' para activar la operación de escala. A continuación, mueve el ratón para escalar el objeto y pulsa el botón izquierdo para confirmar la acción. Si deseas cancelar la operación, usa la tecla 'escape' o el botón derecho del ratón. Para limitar la escala en uno de los ejes, pulsa las teclas 'X', 'Y' o 'Z'. Como en las operaciones anteriores, puedes cambiar de espacio global a local o viceversa presionando nuevamente las teclas 'X', 'Y' o 'Z'. También puedes establecer un valor exacto de escala escribiéndolo durante la operación y pulsando 'Intro' para aceptar los cambios.

Al igual que ocurre en la rotación, la operación de escala también se ve afectada por el punto de pivote. Si este punto no se encuentra en el centro del objeto, la escala también afectará a la posición del objeto en la escena.

5.6.3.4 Reinicio y aplicación de transformaciones

Todas las transformaciones realizadas en un objeto son operaciones temporales y no están almacenadas en los datos contenidos dentro del objeto. Por este motivo, siempre podemos reiniciar la posición, rotación y escala mediante las funciones correspondientes dentro del desplegable 'Restablecer' que se encuentra en el menú 'Objeto' situado en la parte superior izquierda de la vista 3D, Figura 72. También es posible utilizar la combinación de teclas 'Alt+G', 'Alt+R' y 'Alt+S' para reiniciar el movimiento, la rotación y la escala del objeto.

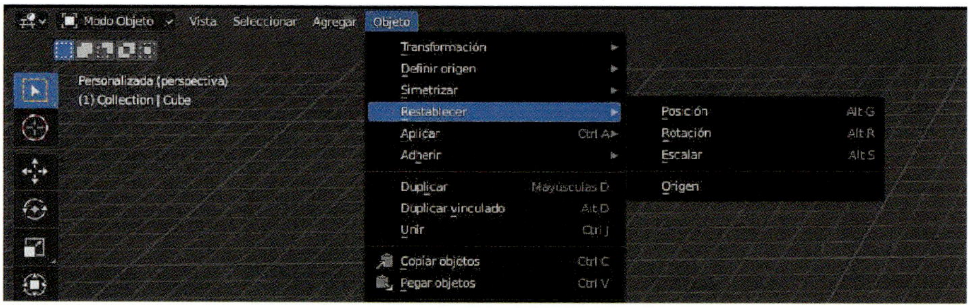

Figura 72. Opciones del desplegable 'Restablecer' del menú 'Objeto'.

Para almacenar los valores de posición, rotación y escala en los datos internos del objeto es necesario pulsar la opción 'Todas las transformaciones' dentro del desplegable 'Aplicar' del menú 'Objeto', Figura 73. Esta operación también puede realizarse mediante la combinación de teclas 'Crtl+A'.

Una vez aplicada esta herramienta, se almacenarán los nuevos datos de transformación dentro de las propiedades del objeto, reiniciándose los cuadros de texto de posición, rotación y escala contenidos dentro de la pestaña 'Elemento' del panel lateral situado a la derecha de la vista 3D.

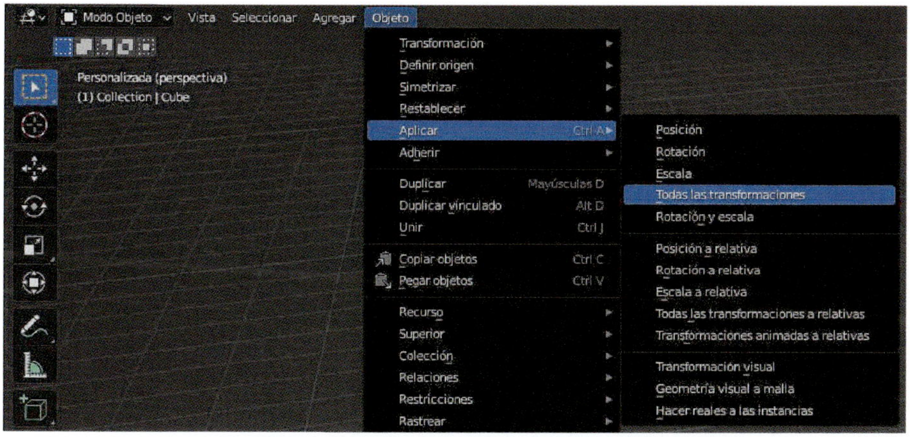

Figura 73. Opciones del desplegable 'Aplicar' del menú 'Objeto'.

En algunas operaciones de modelado, es necesario que las transformaciones de rotación y escala se hayan aplicado previamente, ya que, de lo contrario, pueden originarse errores de cálculo. Por este motivo, se recomienda aplicar al menos estas 2 transformaciones siempre que no suponga un inconveniente en el futuro.

5.6.4 Copiar propiedades

En ocasiones es necesario que un conjunto de objetos presente la misma posición, rotación o escala. La forma más simple de conseguir esto es realizando una selección múltiple y a continuación mover, rotar o escalar todos los objetos en su conjunto. Sin embargo, este método no siempre es posible, por lo que se hacen necesarias funciones capaces de copiar las propiedades de transformación de un objeto y transferirlas a otro.

Para copiar los valores de una determinada propiedad de un objeto y transferirlos a otros debe seguirse el siguiente método:

- Selecciona todos los objetos que intervienen en la operación, incluyendo el objeto que presenta el valor que deseas copiar y que será el objeto origen.
- Establece el objeto origen como objeto activo de la selección. Para ello, comprueba que el objeto está rodeado por una línea de color naranja claro. En caso contrario, presiona la tecla 'Mayúscula' y pulsa sobre el objeto.
- En la ventana propiedades, haz clic con el botón derecho del ratón sobre uno de los cuadros de texto de la propiedad que deseas copiar.
- Pulsa sobre la opción 'Copiar todo a lo seleccionado' para transferir la información de todos los cuadros de texto de una propiedad al resto de objetos, Figura 74.

También puedes pulsar sobre 'Copiar individual a lo seleccionado' para transferir únicamente la información del cuadro de texto seleccionado.

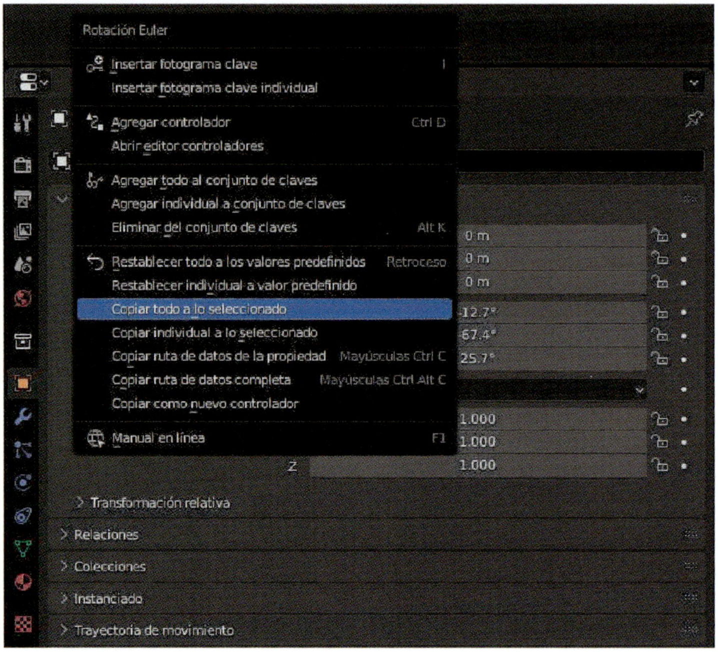

Figura 74. Opción que permite copiar las propiedades de un objeto.

5.6.5 Adherir

La herramienta adherir permite ajustar la posición de un objeto usando como referencia las coordenadas de un elemento, como pueden ser la cuadrícula mostrada en la vista 3D o los vértices, aristas o caras de otros objetos.

Selecciona un objeto de tu escena y activa la herramienta pulsando sobre el botón 'Adherir' situado en el centro de la barra superior de la vista 3D, Figura 75. A la derecha de este botón, se encuentra el desplegable 'Adherir a', que presenta las opciones disponibles para esta herramienta. La primera opción de dicho desplegable es 'Cuadrícula', que permite mover el objeto seleccionado utilizando como unidad de referencia la distancia entre los puntos de la cuadrícula. Esta distancia variará dependiendo del tamaño de celda, el cual puede modificarse utilizando la opción 'Escala' disponible en el desplegable 'Sobreimpresos' del menú superior derecho de la vista 3D, Figura 41. Por defecto, si no se modifica este tamaño, el objeto seleccionado se moverá en saltos de una unidad.

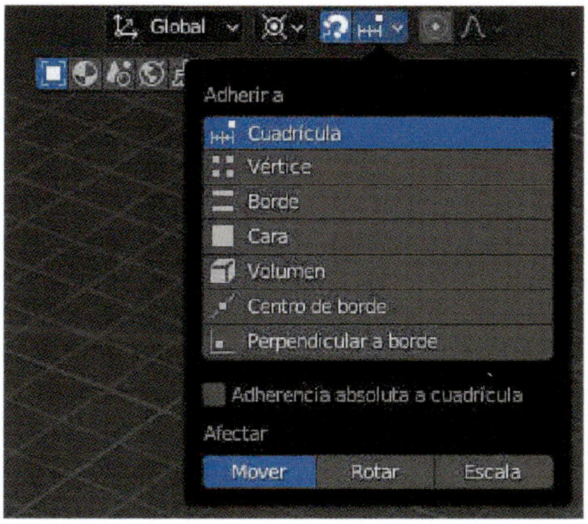

Figura 75. Opciones disponibles dentro del desplegable 'Adherir a'.

Las opciones 'Vértice', 'Borde', 'Cara' y 'Centro de borde' del desplegable 'Adherir a' permiten atraer un objeto hacia el elemento en cuestión de otro objeto disponible en la escena. Por ejemplo, si se selecciona la opción 'Vértice' y se activa la herramienta de movimiento mediante la tecla 'G', el objeto seleccionado se verá atraído hacia un vértice de cualquiera de los objetos disponibles en la escena. La elección del objeto utilizado como referencia depende de la proximidad del cursor del ratón al resto de objetos.

Por otra parte, Blender también permite especificar qué punto del objeto a mover se verá atraído durante la operación adherir. Las 2 opciones más interesantes son 'Más cercano' y 'Punto medio'. La opción 'Más cercano' atrae hacia el objeto de referencia el punto más próximo entre ambos objetos, mientras que la opción 'Punto medio' atrae el punto de origen del objeto a mover hacia el objeto de referencia.

Otra de las opciones disponibles en Blender para facilitar esta operación se encuentra dentro del menú 'Objeto' de la vista 3D. En este menú, dentro del desplegable 'Adherir', se encuentran las funciones 'Cursor a seleccionado' y 'Selección al cursor', Figura 76. Estas herramientas, disponibles también mediante el atajo de teclado 'Mayúscula+S', permiten mover el cursor 3D al origen de un objeto o al punto intermedio existente entre los orígenes de varios objetos, y viceversa.

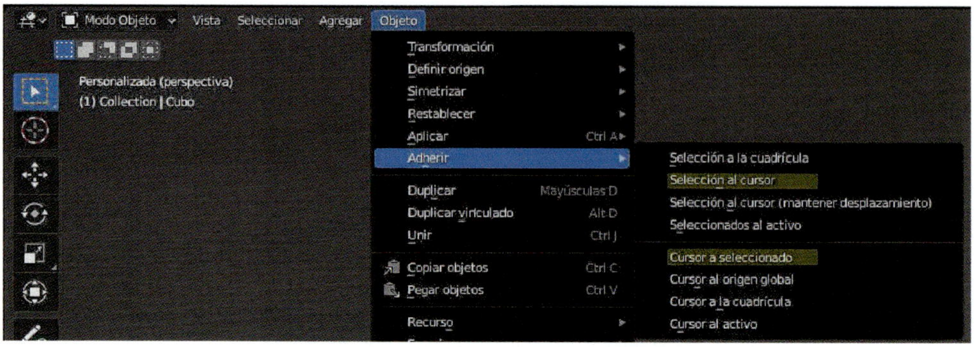

Figura 76. Opciones disponibles en el desplegable 'Adherir' del menú 'Objeto'.

5.6.6 Unir

La herramienta unir agrupa los objetos seleccionados manteniendo su posición, de manera que la unión no implica una adhesión. Cabe destacar que esta operación no combina las mallas de los objetos agrupados, manteniéndolas intactas.

Es importante tener en cuenta que los objetos en los que se desee aplicar esta herramienta deben pertenecer a un mismo tipo, ya sea malla, curva o superficie. En caso contrario, la función se mostrará deshabilitada.

El resultado de aplicar la herramienta unir será un solo objeto con un nombre y un centro de origen. Para ello, selecciona los objetos que deseas unir y a continuación pulsa la combinación de teclas 'Crtl+J', o haz clic sobre la opción 'Unir' incluida dentro del menú 'Objeto' de la vista 3D. El nuevo objeto presentará el mismo nombre y centro de origen que el objeto activo de la selección, de manera que conviene asegurarse de que haya un objeto activo antes de ejecutar la operación.

5.6.7 Superior

Con esta herramienta pueden vincularse uno o varios objetos a otro que actuará como padre. Gracias a esta función, cualquier operación de transformación realizada sobre el objeto padre afectará a todos los objetos hijo. Para vincular los objetos, es necesario seleccionar todos aquellos que intervendrán en la operación y marcar como objeto activo aquel que presentará el rol de padre. A continuación, debe emplearse uno de los siguientes métodos:

- Pulsa la combinación de teclas 'Crtl+P' y selecciona la opción 'Objeto'.

- Haz clic con el botón izquierdo del ratón sobre la opción 'Objeto' incluida en el desplegable 'Superior' del menú 'Objeto' de la vista 3D, Figura 77.

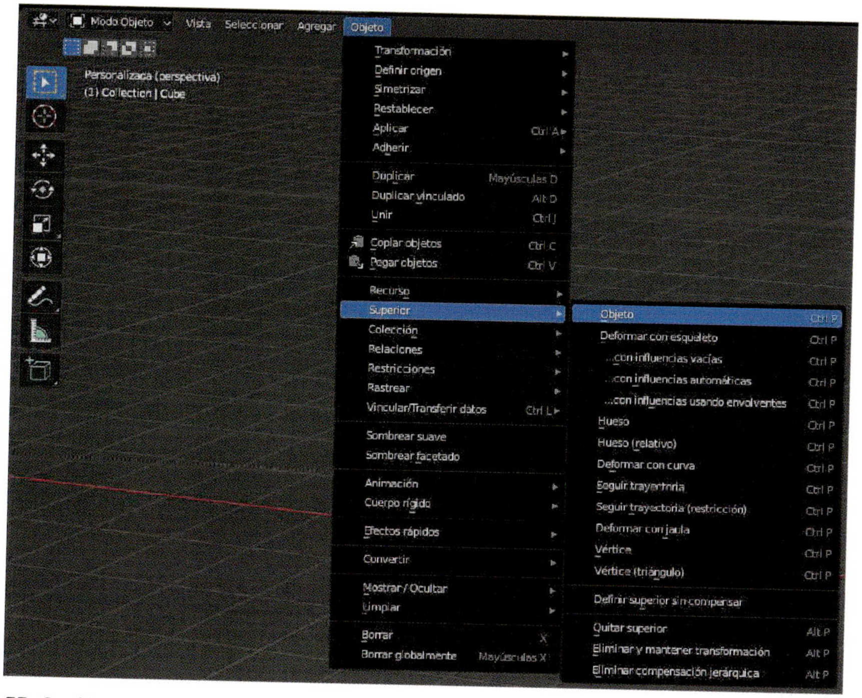

Figura 77. Opción del menú 'Objeto' que permite establecer un objeto como padre del resto de elementos seleccionados.

- Haz clic con el botón derecho del ratón en cualquier zona de la vista 3D y selecciona la opción 'Objeto' del desplegable 'Superior', Figura 78.

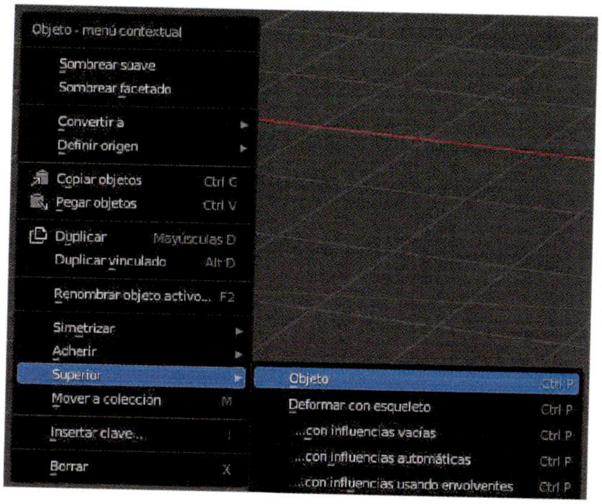

Figura 78. Opción del menú emergente que permite establecer un objeto como padre del resto de elementos seleccionados.

Para estas situaciones existe la opción 'Convertir' situada en el menú 'Objeto'. Dentro de este desplegable se encuentran las opciones 'Curva' y 'Malla', las cuales permiten convertir la geometría seleccionada. También puedes acceder a esta herramienta pulsando con el botón derecho del ratón sobre una zona de la vista 3D.

Ejemplo guiado

Para este ejemplo descarga los iconos de Blender desde el botón '*Download Logo Kit*' de la página oficial https://www.blender.org/about/logo/. A continuación, extrae la imagen vectorial blender_logo.svg del archivo descargado y sigue las siguientes indicaciones:

- Crea un nuevo proyecto en Blender pulsando sobre la opción 'General' del desplegable 'Nueva' dentro del menú 'Archivo'.
- Elimina todos los objetos que se encuentran en la escena. Para ello presiona la tecla 'A' y a continuación pulsa la tecla 'suprimir'.
- Importa el archivo blender_logo.svg mediante la opción '*Scalable Vector Graphics (.svg)*' del desplegable 'Importar' dentro del menú 'Archivo'.
- Selecciona los objetos '*Curve*' y '*Curve.001*' y elimínalos.
- Selecciona los objetos restantes y únelos mediante el atajo de teclado 'Crtl+J'. Recuerda seleccionar una de las curvas como objeto activo antes de realizar la operación de unión.
- Convierte el objeto en una malla pulsando sobre la opción 'Malla' dentro del desplegable 'Convertir' dentro del menú 'Objeto'.

El resultado obtenido en este ejemplo permitirá aplicar sobre él ciertas operaciones de modelado que mostraremos más adelante y que no serían posibles en un objeto de tipo curva.

Pon a prueba tus conocimientos.

En este ejercicio se pretenden poner en práctica las operaciones de transformación descritas, así como sus atajos de teclado, mediante la recreación de la escena incluida en la Figura 81. Atendiendo a que todavía no se han mostrado herramientas de modelado, se empleará el complemento *blenderkit*. En esta biblioteca *online* encontrarás todos los objetos de la Figura 81. Sin embargo, si lo deseas, también puedes diseñar objetos simples como la vela o los lápices utilizando las geometrías primitivas incluidas en Blender. Por último, también puedes renderizar la escena añadiendo al menos una lámpara, una cámara y pulsando la tecla 'F12'.

Figura 81. Ejemplo de una escena compleja renderizada con Cycles.

5.7 Restricciones

Las restricciones son condiciones que afectan a las transformaciones de los objetos. En este apartado describiremos algunas de estas condiciones y las usaremos en objetos de tipo malla o cámara.

Antes de aplicar una restricción es necesario seleccionar el objeto que será limitado en posición, rotación o escala. Posteriormente, dentro de la pestaña 'Propiedades de restricciones del objeto' de la ventana de propiedades situada en la parte inferior derecha, se seleccionará una de las opciones disponibles dentro del desplegable 'Agregar restricción de objeto', Figura 82.

Figura 82. Pestaña 'Propiedades de restricciones del objeto'.

Las restricciones que se van a describir en este manual son aquellas que permiten copiar transformaciones, limitar distancias entre objetos, limitar el valor de cada transformación, seguir la trayectoria de un objeto y limitar el movimiento a la forma de una curva.

5.7.1 Copiar posición/rotación

Esta herramienta copia y aplica los valores de posición o rotación de los ejes X, Y, y/o Z de un objeto disponible en la escena. Los parámetros más significativos de estas restricciones son:

- **Objetivo.** Objeto de referencia. Es necesario para copiar los valores de posición o rotación en los ejes X, Y, y/o Z.
- **Eje.** Permite seleccionar los ejes en los que se realizará la copia.
- **Invertir.** Cambia el signo del valor de los ejes seleccionados.
- **Desplazamiento (posición) / Mezclar » Adicionar (rotación).** Añade la posición o rotación actual del objeto seleccionado a la posición o rotación copiada.

Ejemplo guiado

- Crea un nuevo proyecto.
- Añade un segundo cubo a la escena utilizando el menú 'Agregar' de la vista 3D.
- Mueve uno de los cubos 2 unidades en el eje X. Para ello, presiona la tecla 'G' para activar la herramienta de movimiento, la tecla 'X' para limitar el movimiento en el eje X y finalmente las teclas '2' e 'Intro'.
- Redimensiona el cubo que se encuentra en el centro de la vista 3D. Utiliza el panel lateral situado a la derecha de la vista 3D, Figura 71, para establecer el valor Z de la dimensión en 0.2 unidades.
- Cambia el nombre de este cubo a «Plataforma». Para ello, utiliza la pestaña 'Propiedades de objetos', Figura 52.
- Mueve este objeto 3 unidades en el eje Z. Utiliza la tecla 'G' para iniciar el movimiento y 'Z' para limitar la transformación en este eje. A continuación, presiona las teclas '3' e 'Intro'.
- Cambia las dimensiones del otro objeto de la escena, de tal forma que el valor Z sea de 6 unidades y el valor X sea de 1 unidad.
- Modifica el nombre de este último cubo a «Contrapeso».
- Aplica las transformaciones de escala a los 2 objetos. Para ello, selecciona ambos objetos, presiona la combinación de teclas 'Crtl+A' y elige la opción 'Escala'.
- Selecciona el objeto «Plataforma» y escoge la opción 'Copiar posición' dentro del desplegable de la pestaña 'Propiedades de restricciones del objeto' de la ventana de propiedades, Figura 83.

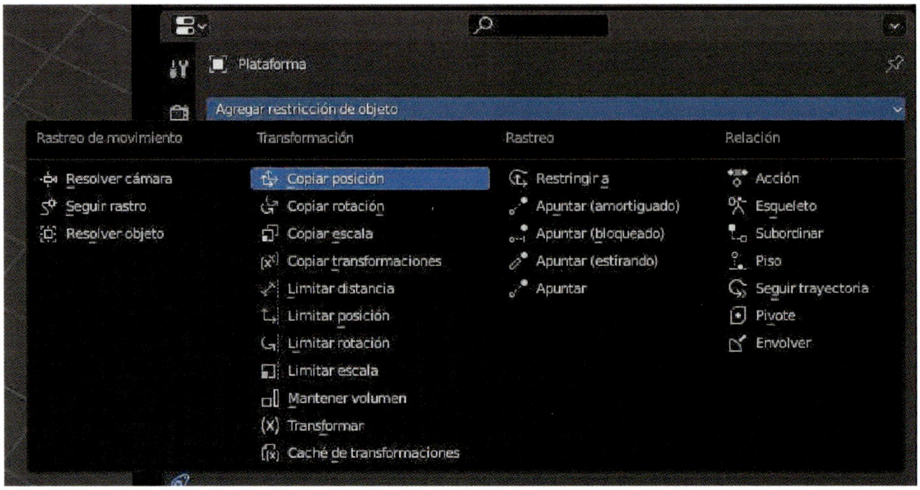

Figura 83. Opción 'Copiar posición' disponible en el desplegable de la pestaña 'Propiedades de restricciones del objeto'.

- Selecciona el objeto «Contrapeso" como objetivo. Para ello, puedes presionar sobre el icono en forma de cuentagotas y a continuación pulsar sobre el objeto deseado dentro de la vista 3D o en la ventana listado.
- En las opciones disponibles en 'Ejes', deselecciona los ejes X e Y. De esta forma, solo se copiará el valor de posición del eje Z.
- En las opciones disponibles en 'Invertir', selecciona el eje Z. De esta forma, si el objeto «Contrapeso» baja, el objeto «Plataforma» sube.
- Presiona la opción 'Desplazamiento' para tener en cuenta la posición original del objeto «Plataforma».
- Mueve en el eje Z el objeto «Contrapeso» para comprobar el resultado.

Pon a prueba tus conocimientos.

La restricción 'Copiar rotación' permite crear mecanismos similares a los engranajes. Crea un par de engranajes desde el menú 'Agregar' » 'Malla' » 'Gears' y aplica una restricción de tipo 'Copiar rotación' con el eje Z invertido. Utiliza la opción 'Adicionar' dentro del desplegable 'Mezclar' para respetar la rotación inicial del engranaje en el que se aplica la restricción.

5.7.2 Copiar escala

Esta herramienta copia y aplica la escala de un objeto disponible en la escena. Mediante esta restricción puede establecerse una proporcionalidad entre la escala de 2 objetos en cualquiera de sus ejes. Sus parámetros más significativos son:

- **Objetivo.** Objeto de referencia. Es necesario para copiar los valores de escala.
- **Eje.** Permite seleccionar los ejes en los que se realizará la copia.
- **Potencia.** Constante de proporcionalidad. Puede ser cualquier número positivo o negativo. La nueva escala del objeto será el resultado de multiplicar esta constante por la escala del objeto copiado.
- **Desplazamiento.** Añade la escala actual del objeto seleccionado al valor de escala copiado.

5.7.3 Limitar distancia

Como su nombre indica, esta restricción limita la distancia entre 2 objetos. El algoritmo de esta herramienta traza una esfera cuyo centro es el objeto seleccionado en el parámetro 'Objetivo' y el radio es igual a la distancia especificada. Los parámetros más significativos de esta restricción son:

- **Objetivo.** Objeto de referencia. La distancia se mide desde este punto hasta el objeto en el que se aplica la restricción.
- **Distancia.** Separación entre los 2 objetos.
- **Limitar a región.** Establece el modo en el que se limita la distancia entre los objetos. Existen tres opciones:
    - **Interior.** La distancia entre los objetos debe ser menor al valor especificado.
    - **Exterior.** La distancia entre los objetos debe ser mayor al valor especificado.
    - **En la superficie.** La distancia entre los objetos debe ser el valor exacto especificado.

Ejemplo guiado

En este ejercicio se aplicarán 2 restricciones a un mismo objeto y se describirá el efecto que produce el orden en el que se aplican dichas restricciones en el resultado final.

- Crea una rosca. Utiliza la combinación de teclas 'Mayúscula+A' para abrir el menú emergente y selecciona 'Rosca' dentro del desplegable 'Malla'. Utiliza el panel de creación de objetos para establecer los parámetros 'Radio mayor' en 1 m y 'Radio menor' en 0.01 m.
- Crea una esfera a partir del menú 'Agregar' de la vista 3D. Establece el parámetro 'Radio' en 0.1 m.
- Cambia los nombres de la rosca y la esfera a «Anillo» y «Planeta», respectivamente.
- Mueve el objeto «Planeta» 1 unidad en el eje X. Para ello, pulsa la tecla 'G' para activar la opción 'Mover' y a continuación pulsa la tecla 'X' para establecer el eje de movimiento. Escribe 1 y pulsa 'Intro' para aceptar la transformación.
- Con el objeto «Planeta» seleccionado, añade la condición 'Limitar distancia' de la pestaña 'Propiedades de restricciones del objeto'. Selecciona el objeto con el nombre «Anillo» en el parámetro 'Objetivo' y escoge la opción 'En la superficie' dentro del desplegable 'Limitar a región', Figura 84.

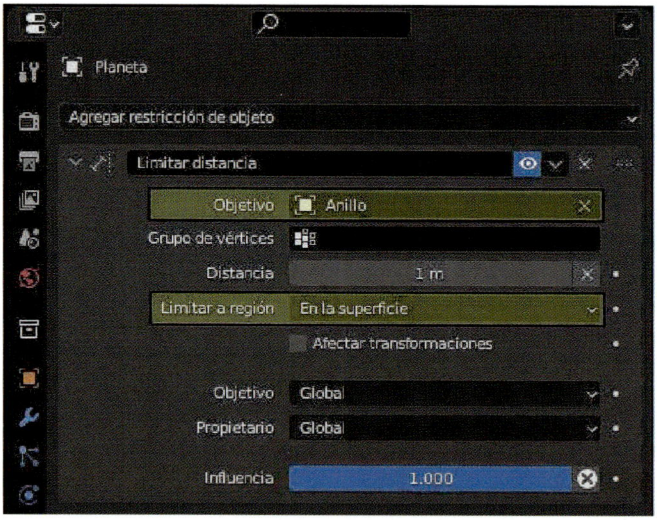

Figura 84. Parámetros modificados en la restricción 'Limitar distancia'.

- Mueve el objeto «Planeta» a cualquier lugar utilizando la tecla 'G' para comprobar el funcionamiento de la restricción. El objeto podrá colocarse en cualquier zona siempre que exista 1 m de distancia entre los orígenes de los 2 objetos. Pulsa 'escape' para devolver la esfera a su posición original.
- Añade la restricción 'Copiar posición' al objeto «Planeta». Selecciona el objeto «Anillo» en el parámetro 'Objetivo' y restringe solo el eje Z.

- Mueve el objeto «Planeta» a cualquier lugar de la escena y comprobarás que se encuentra bloqueado en altura, lo que está en concordancia con la segunda restricción añadida. Sin embargo, también observarás que este objeto puede situarse en cualquier valor de los ejes XY siempre y cuando no sobrepase los límites del objeto «Anillo», lo cual parece contradecir la primera restricción. Este efecto es debido a que Blender ejecuta las restricciones de una en una y en el orden establecido. En este caso, Blender limita en primer lugar la posición del objeto «Planeta» sobre la superficie de una esfera no visible cuyo origen es el objetivo seleccionado y cuyo radio es de 1 m. A continuación, se aplica una segunda restricción de forma independiente a la primera, copiando el valor del eje Z de la posición del objeto «Anillo» y aplicándolo en el objeto «Planeta». En la Figura 85 se muestra el efecto de las restricciones al ser aplicadas en el orden establecido.

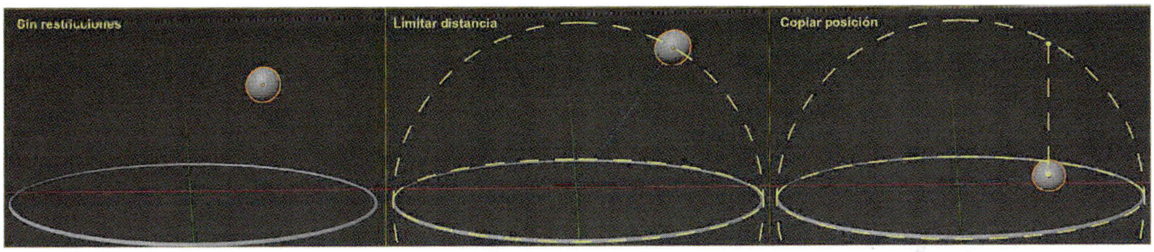

Figura 85. Resultado de las restricciones aplicadas en el orden establecido.

- Invierte el orden de las restricciones para corregir este efecto, ya que no es el resultado deseado en este ejemplo. Coloca el cursor sobre el icono situado en el extremo derecho de la restricción 'Copiar posición', Figura 86, mantén pulsado el botón izquierdo del ratón y desplaza el cursor hacia arriba para moverlo por encima de la restricción 'Limitar distancia'.

Figura 86. Icono de arrastre que permite organizar las restricciones añadidas al objeto.

- Mueve el objeto «Planeta» y comprueba que solo es posible desplazarlo sobre el objeto «Anillo».

5.7.4 Limitar posición / rotación / escala

Estas restricciones limitan las operaciones de transformación de los objetos imponiendo un valor mínimo y máximo en cada uno de los ejes XYZ.

5.7.5 Restringir a

Esta condición permite mover un objeto a lo largo de una curva. El parámetro más significativo de esta restricción es 'Objetivo', el cual permite establecer un objeto de tipo curva como referencia.

5.7.6 Apuntar

Esta restricción modifica la rotación de un objeto para que uno de sus ejes locales apunte a la posición de otro objeto. Los parámetros más significativos de esta opción son:

- **Objetivo**. Objeto de referencia cuya posición será el punto hacia el que señale el eje elegido.
- **Apuntar eje.** Permite asignar el eje local que será orientado hacia el objeto de referencia.
- **Arriba.** Establece el eje local del objeto seleccionado que debe apuntar hacia arriba.

Ejemplo guiado

En este ejemplo se aplicarán las restricciones 'Restringir a' y 'Apuntar' a un objeto de tipo cámara.

- Crea un nuevo proyecto pulsando sobre la opción 'General' en el desplegable 'Nueva' dentro del menú 'Archivo'.
- Mueve 2 unidades en el eje Y el cubo presente en la escena. Para ello, utiliza las teclas 'G' e 'Y' y a continuación escribe 2 y presiona la tecla 'Intro'.
- Crea una curva pulsando sobre la opción *'Bézier'* dentro del desplegable 'Curva' del menú 'Agregar' de la vista 3D.
- Escala en 5 unidades la curva presionando la tecla 'S' y el valor 5. A continuación, presiona 'Intro' para aceptar el valor propuesto.

- Mueve la curva -5 unidades en el eje Y, y 2 unidades en el eje Z. Para ello, utiliza el grupo 'Posición' de la pestaña 'Elemento' en el panel lateral situado a la derecha de la vista 3D, Figura 63.
- Selecciona el objeto de tipo cámara ya presente en la escena y añade las condiciones 'Restringir a' y 'Apuntar' dentro de la pestaña 'Propiedades de restricciones del objeto', Figura 87.

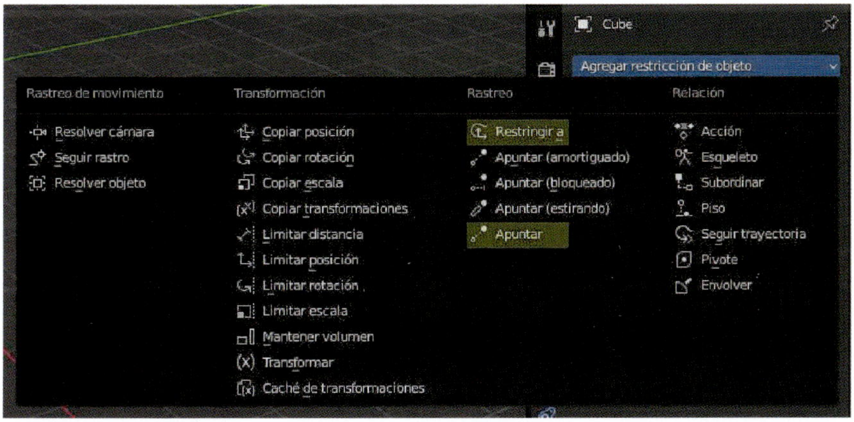

Figura 87. Opciones 'Restringir a' y 'Apuntar' disponibles en el desplegable 'Agregar restricción de objeto'.

- Dentro de la restricción 'Restringir a' selecciona como objeto de referencia la única curva presente en la escena. La cámara se colocará en uno de los extremos de la curva.
- Dentro de la restricción 'Apuntar' selecciona el objeto denominado «Cube» como objeto de referencia. De esta forma, la cámara apuntará hacia la posición del cubo.
- Por último, comprueba que el eje -Z en el parámetro 'Apuntar eje' y el eje Y en el parámetro 'Arriba' se encuentran activados. Para comprender mejor estos 2 parámetros, pulsa el botón 'Mover' de la barra de herramientas situada a la izquierda de la vista 3D, Figura 62, y selecciona el espacio local utilizando el desplegable superior de la vista 3D, Figura 60. Como podrás observar, el eje Z de la cámara apunta en sentido opuesto al objetivo y el eje Y apunta hacia arriba.
- Desplaza la cámara pulsando la tecla 'G' y moviendo el ratón. Comprueba el resultado de aplicar estas 2 restricciones.

5.8 Modificadores

Los modificadores son operaciones que permiten visualizar cambios en el aspecto de un objeto sin alterar la geometría original, es decir, la malla del objeto no se modifica. Por este motivo a los modificadores se les conoce como operaciones no destructivas. Para asignar un modificador debe seleccionarse un objeto y a continuación hacer clic sobre una opción del desplegable de la pestaña 'Propiedades de modificadores' situado en la ventana de propiedades, Figura 88.

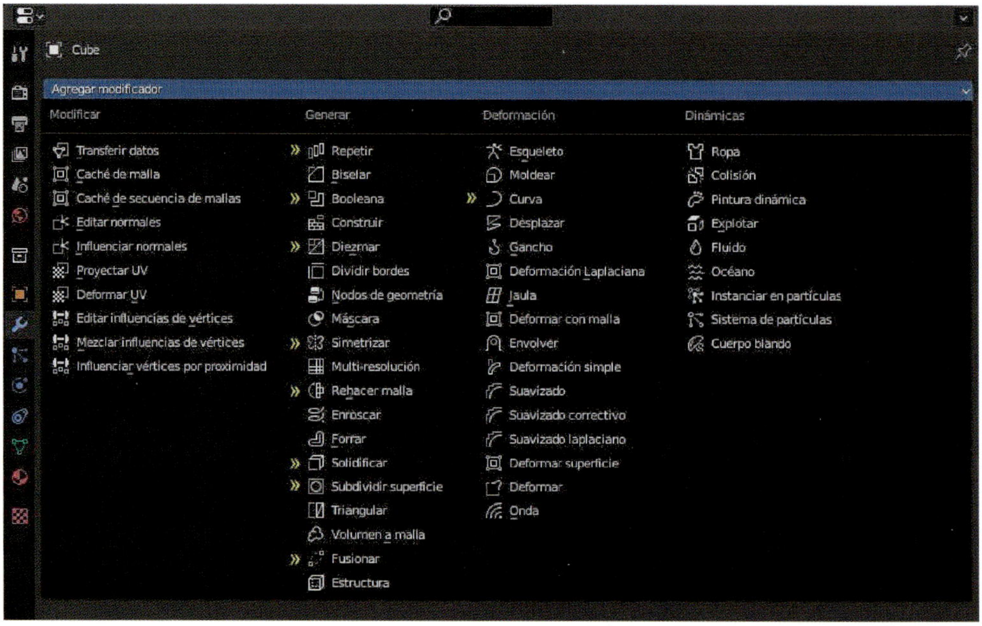

Figura 88. Pestaña 'Propiedades de modificadores' situada en la ventana de propiedades.

Blender permite añadir más de un modificador al objeto seleccionado, mostrando el resultado en la vista 3D. Además, como la malla no se modifica, es posible regresar a un estado anterior del objeto eliminando los modificadores de la lista generada en la pestaña 'Propiedades de modificadores'.

En el presente manual solo se pretende iniciar al usuario en Blender, motivo por el cual en este apartado únicamente se han descrito los modificadores que se consideran de mayor utilidad en el diseño básico de geometrías.

5.8.1 Repetir

Este modificador permite replicar un objeto un número de veces y a una distancia de separación determinada. Dicha distancia se mide desde el punto de origen del objeto y tiene en consideración la escala del objeto. Por lo tanto, para añadir este modificador se recomienda aplicar la escala al objeto utilizando la opción 'Escala' del desplegable 'Aplicar' dentro del menú 'Objeto' de la vista 3D, Figura 73.

De las opciones disponibles en este modificador solo describiremos los parámetros más básicos:

- **Cantidad.** Establece el número total de objetos incluyendo la geometría original.
- **Desplazamiento relativo.** Desplaza los objetos replicados utilizando sus dimensiones como distancia de separación. Para aumentar o disminuir esta distancia se utilizan los parámetros 'Factor X / Y / Z', los cuales son constantes de proporcionalidad que multiplican las dimensiones del objeto.
- **Desplazamiento constante.** Desplaza los objetos replicados utilizando como distancia de separación los valores contenidos en los parámetros 'Distancia X / Y / Z'. La unidad empleada será la establecida en la pestaña 'Propiedades de la escena' (por defecto, el metro).

  Los ejes XYZ de los parámetros 'Desplazamiento relativo' y 'Desplazamiento constante' corresponden siempre al espacio local.

Ejemplo guiado

- Crea un nuevo proyecto desde el menú 'Archivo'.
- Elimina todos los objetos de la escena. Para ello, selecciona todos los objetos pulsando la tecla 'A' y posteriormente presiona la tecla 'suprimir'.
- Pulsa la combinación de teclas 'Mayúscula+A' y añade a la escena una malla de tipo cubo.
- Utilizando el panel lateral situado a la derecha de la vista 3D, Figura 71, modifica las dimensiones del objeto para obtener una geometría de 1 m en el eje X, 0.25 m en el eje Y, y 4 m en el eje Z.

- Duplica el objeto creado utilizando la combinación de teclas 'Mayúscula+D' y presiona la tecla 'escape' para no modificar la posición del objeto.
- Establece las dimensiones del nuevo objeto a 2 m en el eje X, 0.1 m en el eje Y, y 0.5 m en el eje Z.
- Utilizando el panel lateral situado a la derecha de la vista 3D, establece el valor X de la posición del objeto en 0.75 m, el valor Y en -0.15 m y el valor Z en 1 m.
- Duplica este último objeto presionando la combinación de teclas 'Mayúscula+D' y pulsa la tecla 'escape' para no modificar la posición del objeto.
- Presiona primero la tecla 'G' y después la tecla 'Z' para mover el objeto en dicho eje. Escribe -2 y pulsa 'Intro'.
- Selecciona los tres objetos creados y pulsa sobre la opción 'Unir' dentro del menú 'Objeto' de la vista 3D. En la Figura 89 se incluye el resultado tras las operaciones indicadas hasta ahora.

Figura 89. Resultado tras aplicar la operación de unión.

- Desde la pestaña 'Propiedades de objetos' de la ventana propiedades, Figura 52, cambia el nombre de la geometría a «Valla».
- Aplica la escala del objeto utilizando la opción 'Escala' dentro del desplegable 'Aplicar' del menú 'Objeto'.
- En la pestaña 'Propiedades de modificadores' de la ventana propiedades, añade un modificador de tipo 'Repetir', Figura 90.

Figura 90. Opciones del modificador 'Repetir'.

- En la opción 'Cantidad' establece un valor de 6.
- Desactiva la opción 'Desplazamiento relativo' y activa la opción 'Desplazamiento constante'.
- Dentro del desplegable 'Desplazamiento constante', escribe el valor 2 en el parámetro 'Distancia X'. El resultado será un objeto similar a una valla de geometría simple, Figura 91.

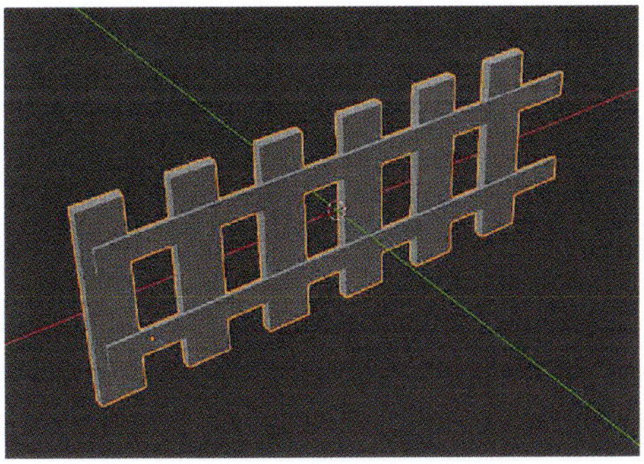

Figura 91. Resultado tras aplicar el modificador 'Repetir'.

5.8.2 Booleana

Este modificador genera una nueva geometría mediante una operación booleana de unión, intersección o sustracción.

Las opciones disponibles más significativas son:

- **Operación.** Puede seleccionarse una de las siguientes opciones: 'Intersección', 'Unión' o 'Diferencia'.
- **Objeto.** Es el objeto utilizado como herramienta para realizar la operación booleana.
- **Método de resolución.** Permite especificar la precisión del cálculo. No se recomienda la opción 'Exacto' en geometrías complejas debido a los tiempos de cálculo.

Las operaciones booleanas solo transforman la geometría del objeto al que se le aplica el modificador. El objeto utilizado como herramienta no se modifica ni se elimina. Por lo tanto, se recomienda ocultarlo para facilitar la visualización del resultado tras la operación.

Por otra parte, cabe destacar que una operación booleana siempre genera una geometría con una sola malla. Esta característica supone una diferencia significativa entre la booleana de tipo unión y la opción 'Unir' del menú 'Objeto', ya que esta última solo agrupa los objetos, sin combinar sus mallas, tal y como se indicó en el apartado 5.6.6. La elección entre una u otra herramienta depende del objetivo que presente el diseño de la geometría. Así, por ejemplo, en impresión 3D prima la obtención de una geometría con una sola malla cerrada, por lo que se recomienda el uso del modificador 'Booleana', mientras que en el desarrollo de videojuegos puede emplearse cualquiera de las 2 al no precisar de un diseño tan restrictivo.

Ejemplo guiado

- Crea un nuevo proyecto desde el menú 'Archivo'. No elimines ningún objeto de la nueva escena.
- Añade un cilindro a la escena utilizando la combinación de teclas 'Mayúscula+A'. Establece los parámetros 'Radio' en 0.1 m y 'Profundidad' en 3 m.

- Dentro del parámetro 'Posición', asigna a X e Y los valores -0.8 m y 0.8 m respectivamente. Para ello, utiliza el panel lateral situado a la derecha de la vista 3D, Figura 63.
- Añade 2 modificadores de tipo 'Repetir' al cilindro. Para ello, utiliza la pestaña 'Propiedades de modificadores' de la ventana propiedades.
- Escribe el valor 5 en los parámetros 'Cantidad' de ambos modificadores.
- Asigna el valor 2 en el parámetro 'Factor X' dentro del desplegable 'Desplazamiento relativo' del primer modificador 'Repetir'.
- Escribe el valor -2 en el parámetro 'Factor Y' dentro del desplegable 'Desplazamiento relativo' del segundo modificador 'Repetir'. Este segundo modificador repetirá en el espacio el resultado obtenido tras aplicar el primer modificador, Figura 92.

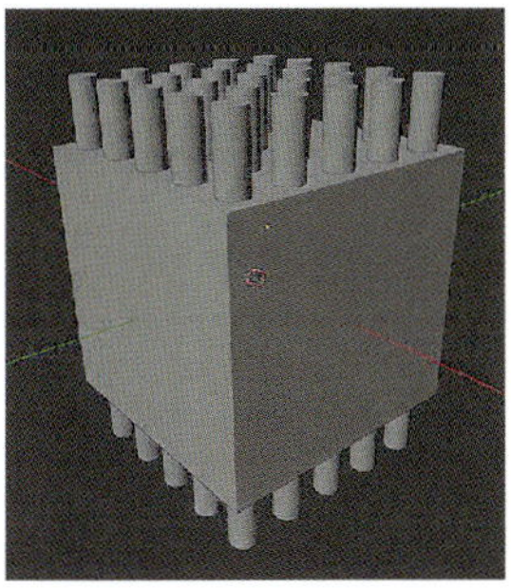

Figura 92. Resultado obtenido tras aplicar 2 modificadores de tipo 'Repetir'.

- Selecciona el cubo y añade un modificador de tipo 'Booleana' desde la pestaña 'Propiedades de modificadores' de la ventana propiedades.
- Selecciona 'Diferencia' y elige «Cilindro» dentro del parámetro 'Objeto', Figura 93.

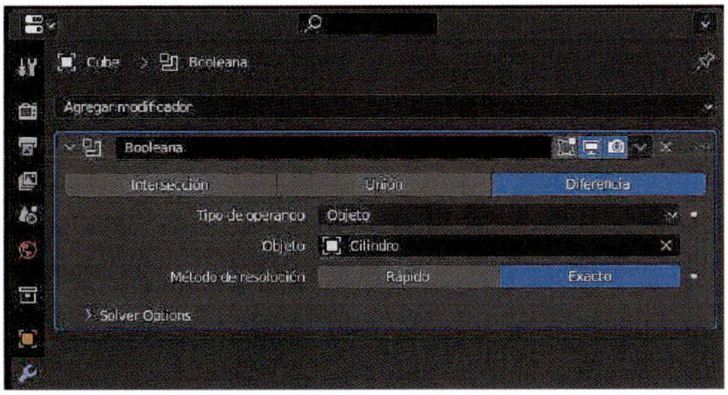

Figura 93. Modificador de tipo 'Booleana' con la opción 'Diferencia' activada.

- Oculta el objeto «Cilindro» utilizando el icono en forma de ojo que se encuentra a la derecha del nombre del objeto dentro de la ventana listado, Figura 56. El resultado será una geometría perforada con una matriz de cilindros, Figura 94.

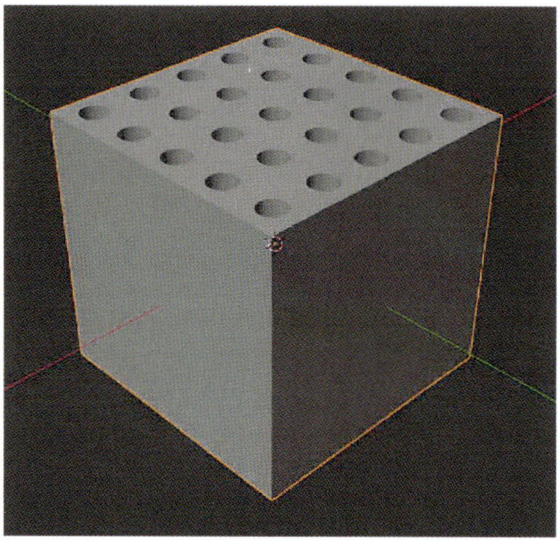

Figura 94. Objeto resultante al aplicar un modificador de tipo 'Booleana' utilizando como herramienta los cilindros obtenidos mediante 2 modificadores de tipo 'Repetir'.

5.8.3 Simetrizar

Este modificador permite crear un objeto espejo a partir de un punto y un eje de referencia. Por defecto, el punto de referencia es el origen del objeto seleccionado. Las opciones más significativas de este modificador son las siguientes:

- **Eje.** Eje local correspondiente al vector perpendicular de un plano imaginario que se utilizaría como espejo y que viene determinado por el punto de referencia.
- **Objeto de simetría.** Permite establecer el origen de otro objeto como punto de referencia.
- **Fusionar.** Une los vértices del objeto seleccionado y el objeto espejo siempre que la distancia entre vértices sea menor o igual al valor de la distancia indicada.

Ejemplo guiado

- Crea un nuevo proyecto desde el menú 'Archivo'.

- Selecciona el cubo y utilizando el panel lateral situado a la derecha de la vista 3D, Figura 71, establece los valores del parámetro 'Dimensiones' en 0.1 m en el eje X, 0.2 m en el eje Y, y 5 m en el eje Z.
- Mueve el objeto en el eje X 0.5 m. Para ello, presiona la tecla 'G' y a continuación 'X'. Finalmente, escribe 0.5 y pulsa la tecla 'Intro'.
- Escribe «Riel» como nombre de objeto dentro de la pestaña 'Propiedades de objetos', Figura 52.
- Añade un nuevo cubo a la escena utilizando la combinación de teclas 'Mayúscula+A'.
- Redimensiona el objeto utilizando el método anterior. Establece los valores 0.45 m, 0.3 m y 0.1 m en los ejes X, Y, y Z respectivamente.
- Mueve este último objeto utilizando el panel lateral situado a la derecha de la vista 3D. Asigna los valores 0.25 m y -2 m para los ejes X y Z respectivamente.
- Escribe «Peldaño» como nombre de objeto dentro de la pestaña 'Propiedades de objetos'.
- Aplica la escala en ambas geometrías. Para ello, selecciona los objetos «Riel» y «Peldaño» y pulsa sobre la opción 'Escala' dentro del desplegable 'Aplicar' del menú 'Objeto'.
- Selecciona el objeto «Peldaño» y añade un modificador de tipo 'Repetir'. En el parámetro 'Cantidad' escribe un valor de 11 y en el parámetro 'Desplazamiento relativo' escribe un valor de 0 en los ejes X e Y, y un valor de 4 en el eje Z.
- Selecciona el objeto «Riel» y añade un modificador de tipo 'Booleana'. Escoge la opción 'Unión' y establece en el parámetro 'Objeto' la geometría denominada «Peldaño».
- Oculta el objeto «Peldaño» utilizando el icono que se encuentra a la derecha del nombre del objeto, dentro de la ventana listado, Figura 56.
- Mueve el origen del objeto «Riel» a la posición del cursor 3D. Para ello, pulsa sobre la opción 'Origen al cursor 3D' dentro del desplegable 'Definir origen' del menú 'Objeto', Figura 58.
- Añade un modificador de tipo 'Simetrizar'. Selecciona la opción 'X' en el parámetro 'Eje' e incrementa el valor del parámetro 'Fusionar' a 0.2 m. El resultado es una escalera de geometría simple, Figura 95.

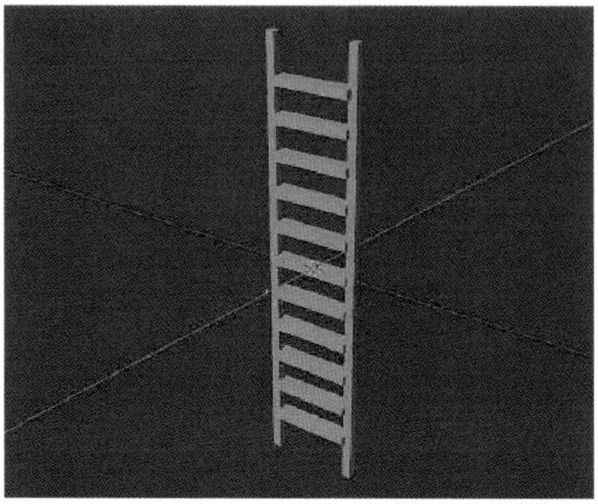

Figura 95. Escalera diseñada mediante modificadores.

5.8.4 Fusionar

Este modificador permite fusionar vértices próximos entre sí. El parámetro más significativo es 'Distancia', el cual permite establecer un límite por debajo del cual se lleva a cabo la fusión de los vértices.

Ejemplo guiado

- Crea un nuevo proyecto.
- Elimina todos los objetos.
- Crea 5 planos mediante el menú 'Agregar' de la vista 3D.
- Utiliza la ventana listado para seleccionar cada plano y modifica el nombre de cada uno usando la pestaña 'Propiedades de objetos', Figura 52. Los nombres de los planos serán: «Base», «Frontal», «Posterior», «Derecho» e «Izquierdo».
- Selecciona el objeto «Frontal» y utilizando el panel lateral situado a la derecha de la vista 3D, Figura 63, posiciona el objeto en -1 m y 1 m en los ejes Y, y Z, respectivamente. Además, rota el objeto 90° en el eje X.
- Selecciona el objeto «Posterior» y posiciónalo en 1 m tanto en el eje Y como en el eje Z. Rota también el objeto 90° en el eje X.
- Selecciona el objeto «Derecho» y posiciónalo en 1 m tanto en el eje X como en el eje Z. Por otra parte, rota el objeto 90° en el eje Y.

- Selecciona el objeto «Izquierdo» y establece la posición en -1 m en el eje X y 1 m en el eje Z. Finalmente, rota el objeto 90º en el eje Y. Con estas operaciones hemos diseñado una caja con 5 planos, Figura 96.

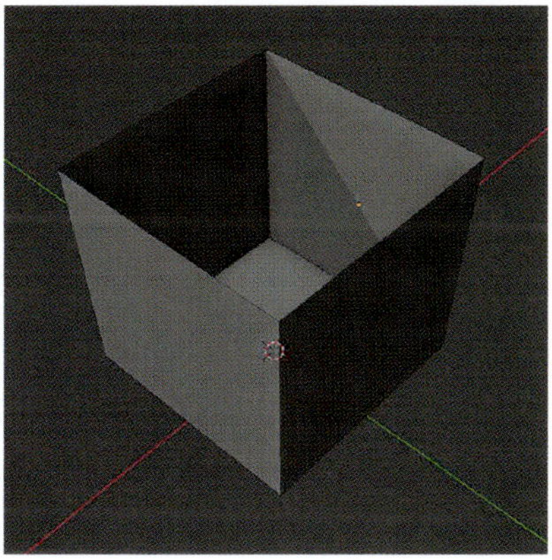

Figura 96. Caja diseñada mediante 5 planos.

- Selecciona todos los objetos de tipo plano y presiona la combinación de teclas 'Crtl+J' para unirlos. Cambia el nombre de este objeto a «Caja».
- La caja debería presentar 8 vértices y 5 caras. Sin embargo, según los valores estadísticos de la escena, los cuales se encuentran en la parte inferior derecha de la ventana de Blender, la caja presenta 20 vértices. Esto es debido a que el objeto está formado por 5 planos independientes con 4 vértices cada uno. Para solucionar este problema, añade el modificador 'Fusionar' desde la pestaña 'Propiedades de modificadores', Figura 97. El modificador fusionará los vértices próximos y el resultado será una caja de 8 vértices.

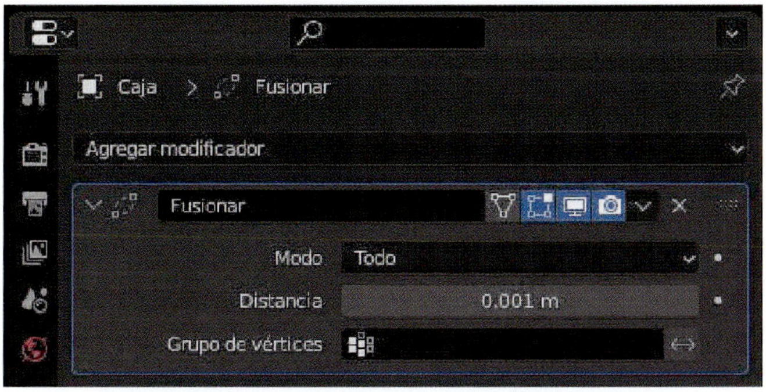

Figura 97. Opciones disponibles en el modificador 'Fusionar'.

5.8.5 Solidificar

Esta operación genera un objeto sólido a partir de una malla abierta, agregando grosor a las caras de la geometría. Los parámetros más significativos de este modificador son:

- **Modo.** Establece el algoritmo de cálculo. La opción 'Simple' es la más rápida y la que debe utilizarse siempre que sea posible. En este método es necesario que las normales de los polígonos adyacentes apunten en el mismo sentido. La opción 'Complejo' es un algoritmo más lento pero ideal para casos especiales, como por ejemplo la banda de Möbius o el diseño de paredes en arquitectura.
- **Grosor.** Permite especificar un espesor para las caras de la geometría.
- **Desplazamiento.** Dirección de crecimiento del grosor de las caras. El valor debe estar comprendido entre -1 y 1.

Ejemplo guiado

Para este ejemplo se utilizará la caja diseñada con el modificador anterior.

- Selecciona el objeto «Caja» y añade el modificador 'Solidificar' desde la pestaña 'Propiedades de modificadores', Figura 98.

Figura 98. Opciones dentro del modificador 'Solidificar'.

- Selecciona la opción 'Complejo' y establece unos valores de 0.1 m en el parámetro 'Grosor' y de 0 en el parámetro 'Desplazamiento'. El resultado será una caja con un espesor de pared de 0.1 m, Figura 99

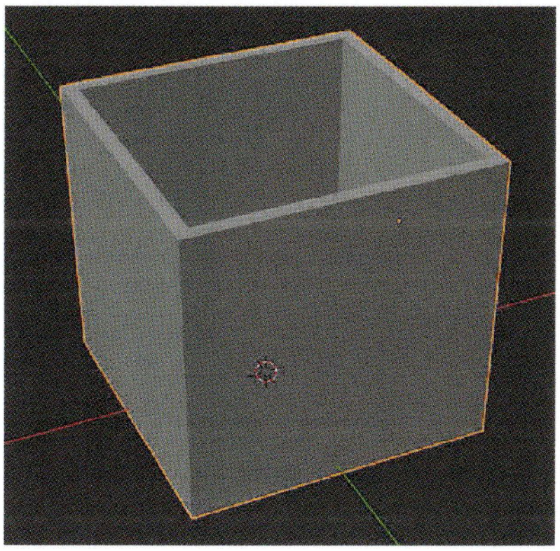

Figura 99. Caja diseñada mediante modificadores.

5.8.6 Subdividir superficie

Mediante este modificador es posible aumentar el número de caras de un objeto dividiendo las ya existentes. Esta operación suele mejorar el acabado del objeto, pero también incrementa el tamaño del objeto en memoria. Las opciones más significativas de este modificador son:

- **Algoritmo de cálculo.** Dispone de 2 opciones: '*Catmull-Clark*', que divide las caras y suaviza la superficie, o 'Simple', que solo divide las caras.
- **Nivel vistas.** Define el número de subdivisiones mostradas en la vista 3D.
- **Nivel procesar.** Define el número de subdivisiones mostradas al renderizar.
- **Visualización óptima.** Muestra un menor número de subdivisiones en la vista 3D al utilizar la opción 'Estructura' en los botones 'Sombreado de la vista', Figura 41.

5.8.7 Diezmar

Mediante este modificador es posible reducir el número de caras de un objeto. Esta operación disminuye la calidad del objeto y su tamaño en memoria. Dependiendo del algoritmo de cálculo y las opciones seleccionadas, el objeto puede perder completamente la forma inicial. Los algoritmos disponibles en este modificador son:

5.8.9 Curva

Esta operación permite deformar un objeto a lo largo de una curva. Los parámetros más significativos de este modificador son:

- **Objeto curva**. Define la curva de referencia.
- **Eje de deformación.** Establece el eje de deformación dominante.

Ejemplo guiado

- Crea un nuevo proyecto.
- Elimina todos los objetos presentes en la escena.
- Añade un objeto de tipo texto, presionando las teclas 'Mayúscula+A' y seleccionando la opción 'Texto' dentro del menú emergente.
- Presiona la tecla 'tabulador' para editar el texto, borra el contenido actual y escribe «Hola Mundo». Presiona nuevamente la tecla 'tabulador' para salir del modo edición.
- Crea una curva circular. Para ello presiona la combinación de teclas 'Mayúscula+A' y a continuación selecciona la opción 'Círculo' dentro del desplegable 'Curva'.
- Selecciona el objeto de tipo texto y añade el modificador 'Curva'. En el parámetro 'Objeto curva' selecciona el objeto «Círculo Bézier». En la Figura 102 se muestra el resultado obtenido tras aplicar este modificador.

Figura 102. Resultado obtenido tras aplicar el modificador 'Curva' sobre un objeto de tipo texto.

- Mueve el objeto de tipo texto a cualquier posición utilizando las teclas 'G' y 'X'.

5.8.10 Opciones generales de los modificadores

Todos los modificadores asignados a un objeto presentan un conjunto de iconos, situados a la derecha del nombre del modificador, que permiten mostrar, eliminar y aplicar su efecto. Las opciones más significativas aparecen resaltadas en la Figura 103.

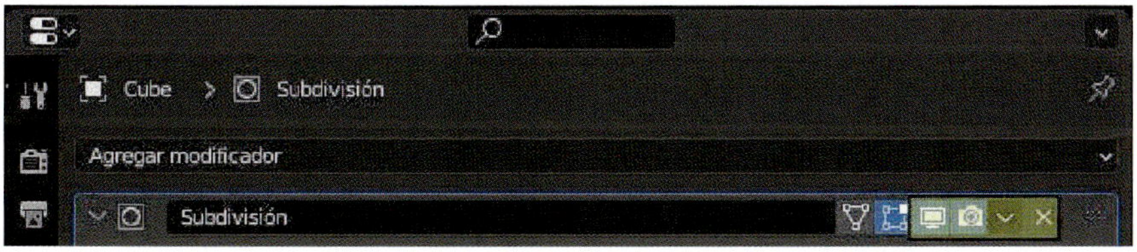

Figura 103. Opciones generales disponibles en todos los modificadores.

De izquierda a derecha, los 2 primeros botones resaltados corresponden a las opciones 'Tiempo real' y 'Procesar', las cuales muestran u ocultan el modificador en la vista 3D y en la imagen renderizada, respectivamente.

El tercer icono es un desplegable cuya opción más interesante es 'Aplicar', Figura 104. Esta función es la única herramienta que ofrece Blender para alterar la malla del objeto mediante un modificador. Solo se recomienda cuando se desea editar la malla resultante o cuando se pretende exportar el archivo en formato 3D. Una vez seleccionada la opción 'Aplicar', el modificador se aplica sobre la malla y se elimina de la lista.

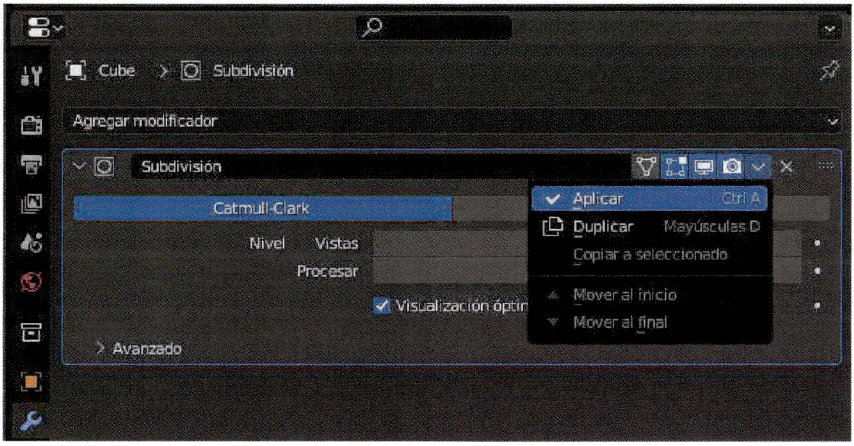

Figura 104. Opción para aplicar un modificador sobre la malla de un objeto.

El último icono, situado a la derecha del resto de opciones, presenta forma de X y su función es eliminar el modificador de la lista, revertiendo así los cambios que haya producido en la geometría.

Figura 106. Opciones disponibles en la pestaña 'Propiedades de datos del objeto' de una curva.

- **Extruir.** Permite añadir profundidad a la curva seleccionada en una cantidad determinada.
- **Biselar.** Permite añadir un bisel a la curva seleccionada, convirtiéndola en un objeto 3D.

Ejemplo guiado

- Crea un nuevo proyecto en Blender.
- Elimina todos los objetos que se encuentran en la escena. Para ello presiona la tecla 'A' y a continuación pulsa la tecla 'suprimir'.
- Añade una curva de tipo *Bézier* presionando la combinación de teclas 'Mayúscula+A'.
- En la pestaña 'Propiedades de datos del objeto' de la ventana propiedades, establece en 0.1 m la opción 'Extruir'.
- En el desplegable 'Biselar' establece el parámetro 'Profundidad' en 0.1 m para crear un tubo, Figura 107.

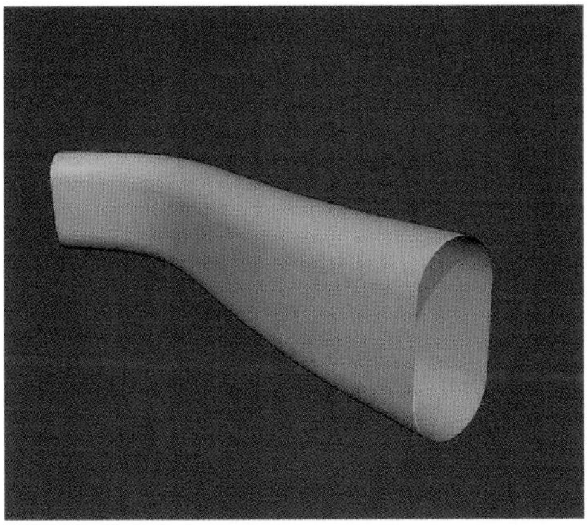

Figura 107. Resultado obtenido tras aplicar las opciones 'Extruir' y 'Biselar' sobre un objeto de tipo curva.

- Convierte el objeto de tipo curva en un objeto de tipo malla. Para ello, selecciona la opción 'Malla' dentro del desplegable 'Convertir' del menú 'Objeto' de la vista 3D.
- Añade el modificador 'Solidificar' al objeto para obtener una malla cerrada. De esta forma, el objeto podría ser exportado para su uso en impresión 3D, por ejemplo.

5.9.3 Texto

Al igual que en el caso anterior, en la pestaña 'Propiedades de datos del objeto' de un objeto de tipo texto se muestran las operaciones de extrusión y biselado, las cuales se comportan del mismo modo que en los objetos de tipo curva. Por otra parte, además de estas opciones, también están disponibles los desplegables 'Tipografía' y 'Párrafo', los cuales permiten cambiar la fuente de texto y estilo del párrafo, respectivamente.

Capítulo VI.
Modo edición

La mayoría de los objetos disponibles en Blender presentan un modo edición que permite modificar los elementos que componen un objeto. Por ejemplo, es posible editar vértices, aristas o caras en los objetos de tipo malla, ajustar la longitud y curvatura en los objetos de tipo curva, o reescribir el contenido del objeto en los objetos de tipo texto. En este manual solo se describirán las operaciones más básicas del modo edición de los objetos de tipo malla, ya que son los que presentan más interés en el diseño 3D.

Como ya se había mencionado anteriormente, Blender construye objetos de tipo malla a partir de un conjunto polígonos. Para modificar o crear nuevos polígonos en un objeto es necesario activar la opción 'Modo edición'. Esta opción está disponible en el desplegable situado en la parte superior izquierda de la vista 3D, Figura 108. Asimismo, es posible acceder al modo edición presionando la tecla 'tabulador' o incluso seleccionando el espacio de trabajo *'Modeling'*.

Figura 108. Opción 'Modo edición' disponible dentro del desplegable situado en la parte superior izquierda de la vista 3D.

6.1 Herramientas de selección

Dentro del modo edición de un objeto de tipo malla, pueden seleccionarse vértices, aristas o caras, dependiendo del modo de selección escogido. Para cambiar este modo de selección es necesario pulsar sobre uno de los tres botones situados en la parte superior izquierda de la vista 3D, Figura 109, o pulsar las teclas '1', '2' o '3' para seleccionar vértices, aristas o caras, respectivamente.

Figura 109. Opciones para seleccionar vértices, aristas o caras.

Independientemente del modo de selección escogido, Blender dispone de diferentes opciones y atajos de teclado para seleccionar los elementos que forman parte de la malla de un objeto:

- **Selección única.** Utilizando el botón izquierdo del ratón es posible seleccionar vértices, aristas o caras según el modo de selección escogido.
- **Selección múltiple.** Existen diferentes métodos para seleccionar un conjunto de elementos de la malla. Las opciones más utilizadas son:
    - **Marco de selección**. Manteniendo pulsado el botón izquierdo del ratón es posible dibujar un rectángulo y seleccionar todos los elementos contenidos en su interior. Se recomienda dibujar el marco de selección activando previamente el botón 'Seleccionar (marco)' que se encuentra situado en la parte superior izquierda de la vista 3D, Figura 43.

- **Añadir a la selección actual**. Tras seleccionar un primer elemento, se presiona la tecla 'Mayúscula' y con el botón izquierdo del ratón se seleccionan el resto de los elementos deseados.
- **Selección vinculada.** Este tipo de selección es útil en geometrías que presentan vértices, aristas o caras sin conexión al resto de la malla. Mueve el cursor sobre un elemento y presiona la tecla 'L'. Blender solo seleccionará aquellos elementos conectados entre sí.

Ejemplo guiado

- Crea un nuevo proyecto en Blender.
- Elimina todos los objetos que se encuentran en la escena.
- Pulsa sobre la opción 'Mona' dentro del desplegable 'Malla' del menú 'Agregar' situado en la parte superior izquierda de la vista 3D. Este objeto está formado por 3 mallas independientes: los 2 ojos y la cara.
- Accede al modo edición pulsando la tecla 'tabulador'.
- Deselecciona todos los vértices. Para ello, haz clic con el botón izquierdo del ratón en una zona vacía de la vista 3D.
- Pulsa el tercer botón del modo de selección, Figura 109.
- Sitúa el cursor en cada uno de los ojos del objeto con nombre «Suzanne» y pulsa la tecla 'L'. Los ojos quedarán seleccionados para futuras operaciones.

- **Selección de la ruta más corta**. Tras seleccionar un primer elemento, pulsa la tecla 'control' y a continuación haz clic con el botón izquierdo del ratón en un nuevo elemento que se encuentre separado del anterior. Blender seleccionará todos los vértices, aristas y caras necesarios para conectar los 2 elementos seleccionados. El camino escogido será el más corto.
- **Selección de bucles**. Manteniendo la tecla 'alt' presionada y pulsando con el botón izquierdo del ratón sobre una arista o cara, se seleccionan todos los elementos pertenecientes a un bucle.

- **Selección de anillos.** En el modo de selección 'Bordes', mantén presionadas las teclas 'control' y 'alt' y pulsa sobre una de las aristas de la malla. Blender seleccionará todas aquellas aristas paralelas a la arista seleccionada y pertenecientes al mismo bucle de caras.
- **Selección borde de la malla.** En el modo de selección 'Bordes', mantén presionada la tecla 'alt' y pulsa 2 veces con el botón izquierdo del ratón sobre una arista del extremo de una malla. Esta operación seleccionará todas las aristas pertenecientes al borde de la malla.
- **Selección de región interna.** En el modo de selección 'Vértices' o 'Bordes', selecciona aquellos que rodean todas las caras que deseas incluir en la selección. A continuación, pulsa sobre la opción 'Seleccionar región interior de un bucle' del desplegable 'Seleccionar bucles' dentro del menú 'Seleccionar', Figura 110. Esta operación seleccionará todas las caras contenidas dentro del contorno escogido.

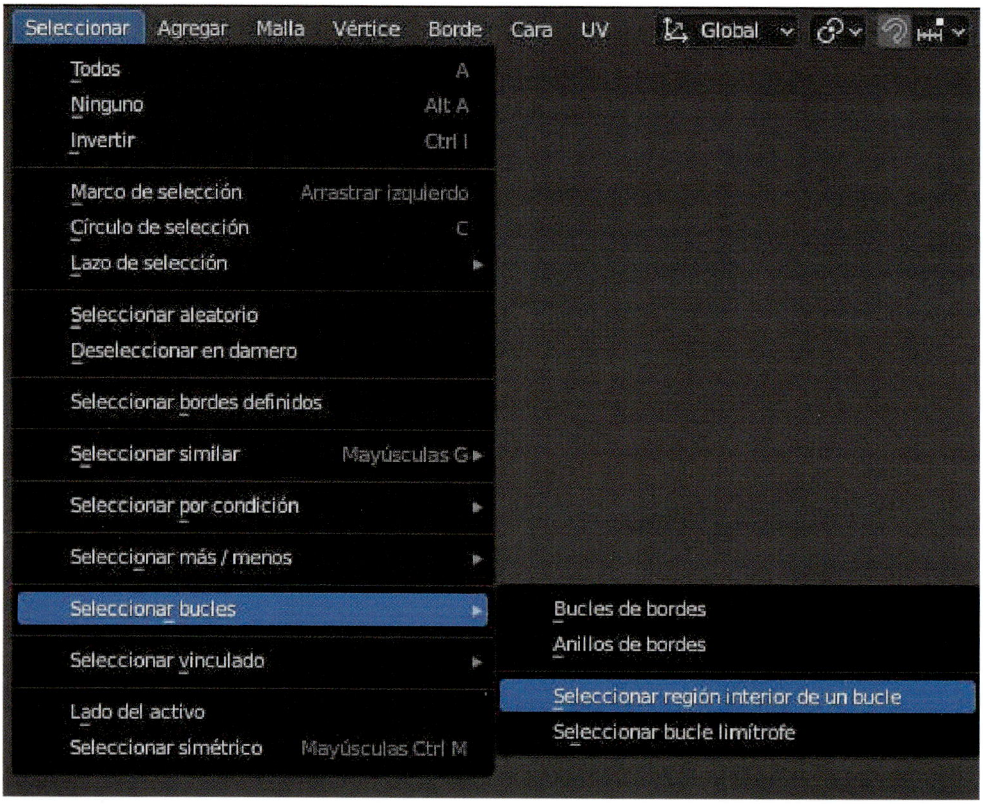

Figura 110. Opción que permite seleccionar las caras contenidas dentro del contorno escogido.

- ◦ **Selección circular.** Presiona la tecla 'C' o haz clic sobre la opción 'Círculo de selección' dentro del menú 'Seleccionar' de la vista 3D, Figura 111, para activar una brocha circular alrededor del cursor del ratón. Mantén pulsado el botón izquierdo del ratón y mueve el cursor sobre aquellos elementos que desees seleccionar. Para abandonar la selección circular una vez seleccionados los elementos de interés, pulsa la tecla 'escape'.

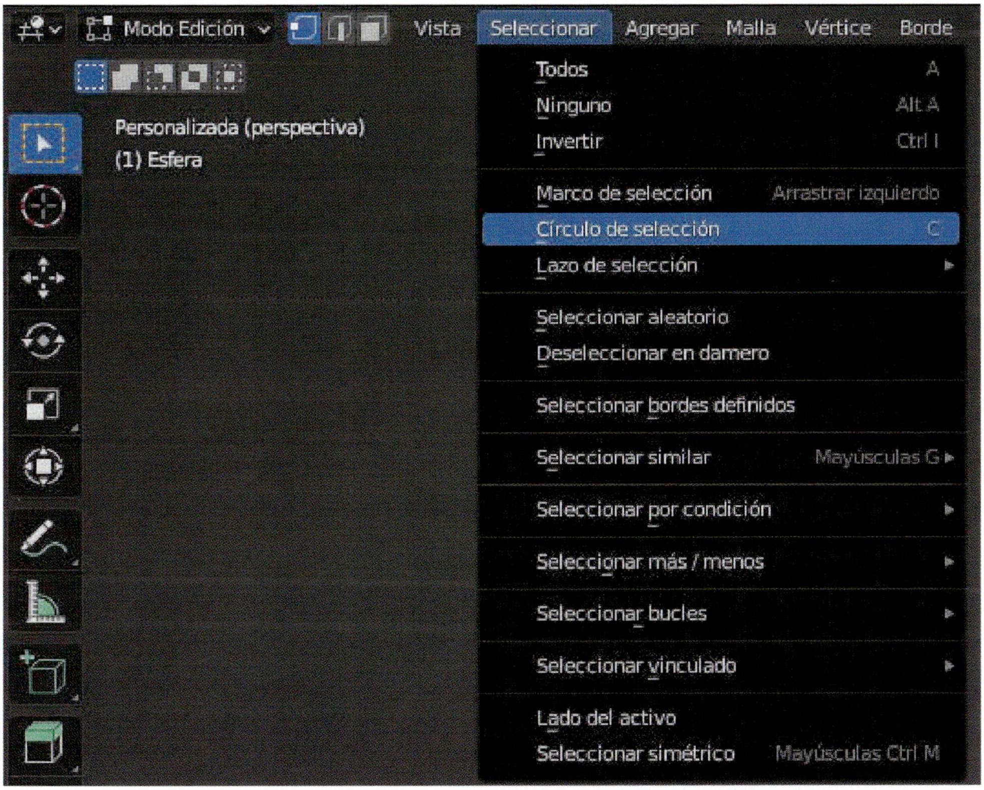

Figura 111. Opción para activar la brocha de selección circular.

- ◦ **Seleccionar todo**. Presiona la tecla 'A' o haz clic sobre la opción 'Todos' dentro del menú 'Seleccionar' de la vista 3D para seleccionar todos los elementos del objeto.

- **Deselección.** Utilizando las siguientes opciones es posible deseleccionar uno o varios elementos de la malla de un objeto:
  - ◦ **Deseleccionar uno o varios elementos.** Mantén presionada la tecla 'Mayúscula' y pulsa con el botón izquierdo del ratón sobre aquellos elementos que desees eliminar de la selección.

- **Deselección de bucles.** Mantén presionada la combinación de teclas 'Mayúscula+Alt' y pulsa con el botón izquierdo del ratón sobre el bucle que desees eliminar de la selección.
- **Deselección circular.** Presiona la tecla 'C' o haz clic sobre la opción 'Círculo de selección' dentro del menú 'Seleccionar' de la vista 3D, Figura 111, para activar una brocha circular alrededor del cursor del ratón. Mantén pulsado el botón central del ratón para deseleccionar los elementos deseados. Para abandonar la deselección circular una vez seleccionados los elementos de interés, pulsa la tecla 'escape'.
- **Deseleccionar todo.** Pulsa con el botón izquierdo del ratón fuera del objeto. También es posible deseleccionar todo presionando la combinación de teclas 'Alt+A'.

6.2 Operaciones con elementos de malla

Al trabajar en el modo edición, Blender permite realizar operaciones similares a las descritas en el modo objeto. Así, es posible ocultar, suavizar, mover, eliminar, crear o separar los elementos de una malla. A continuación, se describen las herramientas más básicas y de mayor interés para modelar una geometría.

6.2.1 Mostrar/ocultar elementos

Para mostrar u ocultar uno o varios elementos de la malla de un objeto, es necesario en primer lugar seleccionar uno o varios vértices, aristas o caras. A continuación, se debe llevar a cabo una de las siguientes opciones:

- **Ocultar elementos.** Pulsa sobre la opción 'Ocultar seleccionado' dentro del desplegable 'Mostrar/ocultar' del menú 'Malla' situado en la parte superior de la vista 3D, Figura 112. También es posible ocultar los elementos colocando el cursor del ratón dentro de la ventana de la vista 3D y presionando la tecla 'H'.

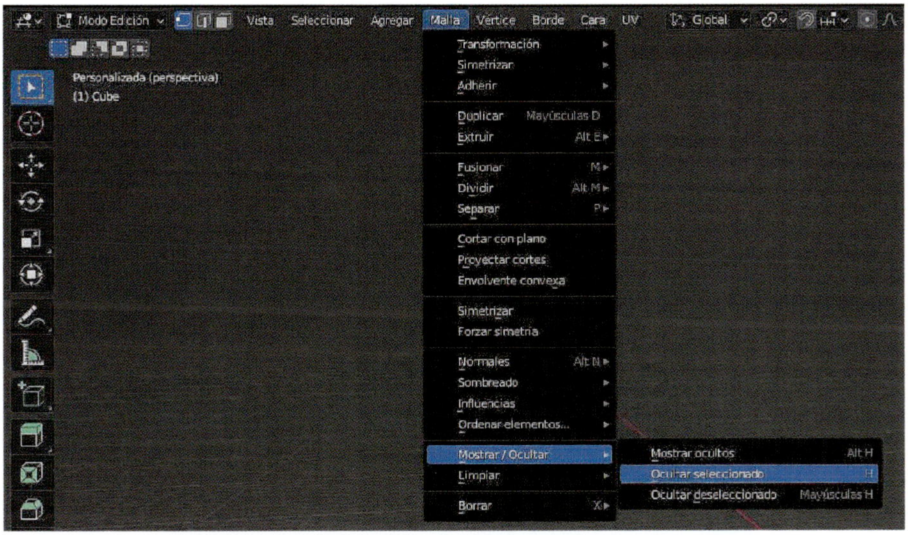

Figura 112. Opción disponible dentro del menú 'Malla' que permite ocultar los elementos seleccionados.

- **Ocultar los elementos no seleccionados.** Pulsa sobre la opción 'Ocultar deseleccionado' dentro del desplegable 'Mostrar/ocultar' del menú 'Malla'. También puedes utilizar la combinación de teclas 'Mayúscula+H'.
- **Mostrar elementos.** Pulsa sobre la opción 'Mostrar ocultos' dentro del desplegable 'Mostrar/ocultar' del menú 'Malla' o coloca el cursor dentro de la ventana de la vista 3D y presiona la combinación de teclas 'Alt+H'.

6.2.2 Edición del sombreado suave

Al activar la opción 'Sombrear suave' en el modo objeto, Figura 57, toda la geometría se representa mediante formas suaves. Sin embargo, en ocasiones, es interesante que una parte del objeto se represente facetada y otra parte aparezca suavizada. En Blender, una vez activada la opción 'Sombrear suave', es posible restringir el suavizado de las caras empleando las siguientes opciones:

- **Suavizado automático.** Limita la representación suavizada de una geometría atendiendo al ángulo formado entre los vectores normales de las caras de la malla. Por ejemplo, puede especificarse un ángulo de 30° para suavizar únicamente las aristas que componen caras cuyas normales forman un ángulo inferior o igual a 30°. Para utilizar esta opción, debe activarse y definirse el ángulo del parámetro 'Suavizado automático' dentro del desplegable 'Normales' de la pestaña 'Propiedades de datos del objeto' en la ventana de propiedades, Figura 113.

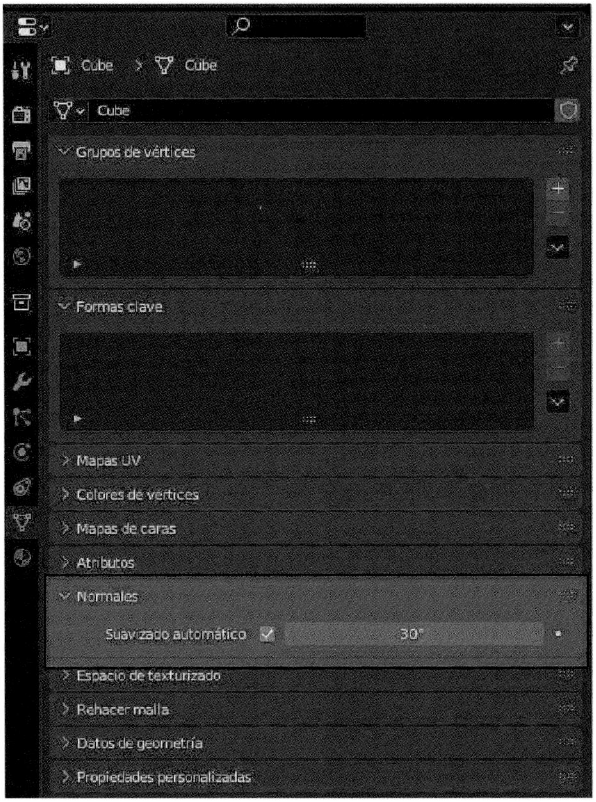

Figura 113. Opción que limita el suavizado de un objeto dependiendo del ángulo entre las normales.

- **Marcado manual de aristas.** Tras activar la opción 'Suavizado automático' y definir un ángulo mínimo entre las normales de las caras, pueden limitarse en mayor medida las aristas que se representarán facetadas mediante la opción 'Marcar como definido'. Para ello, haz clic sobre el modo de selección 'Bordes', Figura 109, y a continuación pulsa sobre las aristas que no deben representarse mediante formas suavizadas. Recuerda que puedes seleccionar más de una arista manteniendo pulsada la tecla 'Mayúscula'. Tras seleccionar las aristas deseadas pulsa con el botón derecho del ratón sobre una zona de la vista 3D y haz clic sobre la opción 'Marcar como definido'. Esta función también está disponible desde el menú 'Borde' de la vista 3D, Figura 114.

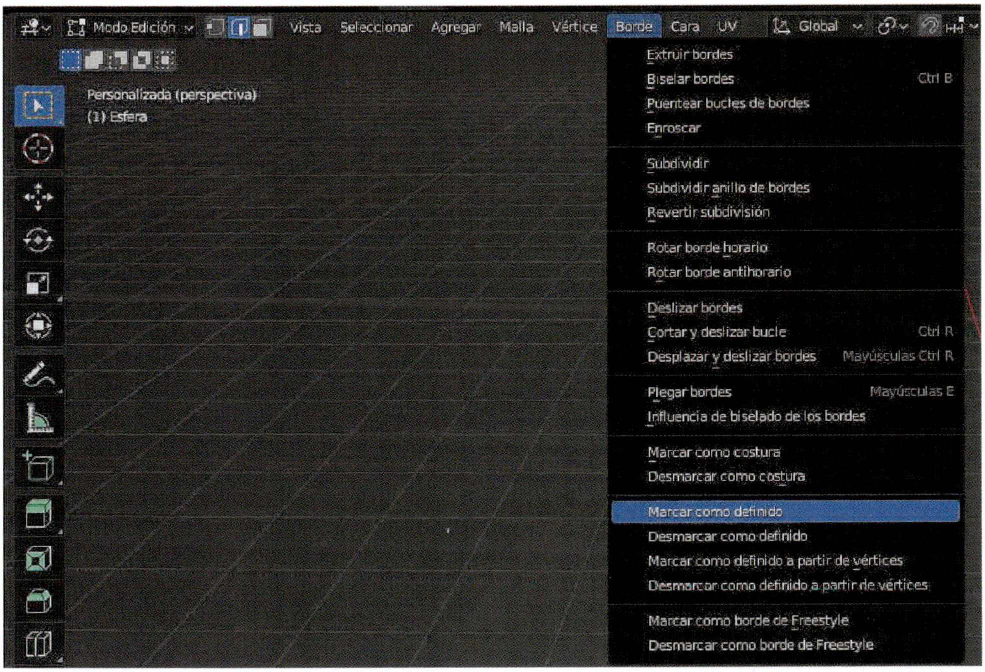

Figura 114. Opción incluida en el menú 'Borde' que limita la representación suavizada de los objetos.

6.2.3 Operaciones de transformación

Utilizando las mismas opciones descritas en las operaciones de transformación de objetos, es posible mover, rotar y escalar cualquier elemento de la malla, a excepción de los vértices, que solo pueden moverse. De entre todas esas opciones, la más recomendada es mediante las teclas 'G', 'R' y 'S', las cuales permiten controlar el movimiento, rotación y escala, respectivamente. Además, al igual que ocurría en el modo objeto, es posible limitar el eje o plano de movimiento tanto en el espacio local como en el global presionando las teclas 'X', 'Y' y 'Z' o 'Mayúscula+X', 'Mayúscula+Y' y 'Mayúscula+Z'.

Una opción de gran utilidad durante una operación de transformación de vértices es el movimiento a lo largo de una arista adyacente. Para activar esta opción debe presionarse 2 veces la tecla 'G'. Al pulsarla por primera vez se iniciará la transformación de posición, mientras que la segunda restringirá el movimiento en la dirección de una de las aristas que contiene ese vértice.

6.2.4 Eliminación de vértices, aristas y caras

Para eliminar uno o varios elementos de la malla, únicamente es necesario seleccionar dichos elementos utilizando uno de los modos de selección disponibles y a continuación pulsar la tecla 'X' o 'suprimir'. También es posible eliminarlos desde la opción 'Borrar' del menú 'Malla' de la vista 3D, Figura 115.

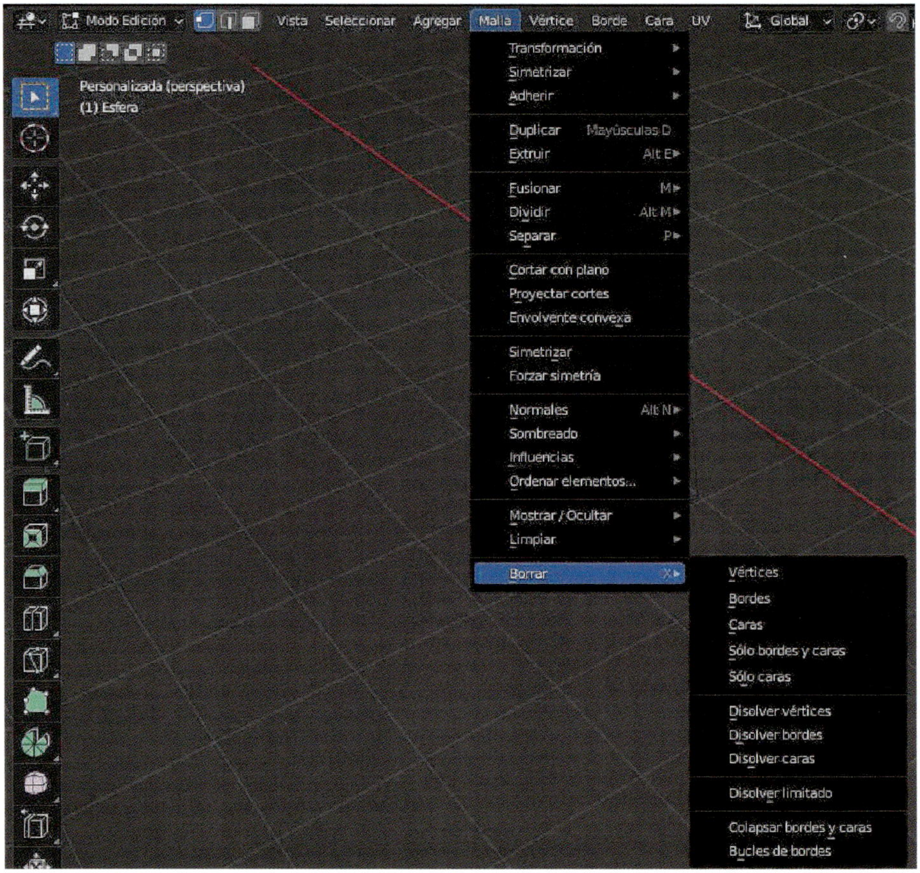

Figura 115. Opciones disponibles en el menú 'Malla' para eliminar los elementos seleccionados.

Independientemente de la selección escogida, Blender mostrará un menú con diferentes opciones. Las más destacadas son:

- **Vértices**. Elimina los vértices seleccionados. Se destruirán las aristas y caras conectadas.
- **Bordes**. Elimina las aristas seleccionadas. Se destruirán las caras formadas por dichas aristas.
- **Caras.** Elimina las caras seleccionadas.
- **Solo bordes y caras.** Elimina las aristas y las caras seleccionadas manteniendo sus

vértices.

- **Solo caras.** Elimina las caras seleccionadas manteniendo las aristas y los vértices.
- **Disolver vértices.** Elimina los vértices seleccionados, fusionando las aristas o las caras circundantes.
- **Disolver bordes.** Elimina las aristas seleccionadas, fusionando las caras conectadas a ellas.
- **Disolver caras.** Fusiona aquellas caras seleccionadas que presenten aristas compartidas.

6.2.5 Creación y conexión de vértices, aristas y caras

En Blender existen diferentes métodos para crear y conectar vértices, aristas y caras. En esta guía se describirán las opciones más utilizadas:

- **Subdivisión**. Permite crear un nuevo vértice entre 2 vértices conectados. De esta forma, las aristas seleccionadas se dividirán en dos. Asimismo, se puede aplicar la subdivisión a una cara *tri* o *quad*, de manera que todas las aristas de dicha cara queden subdivididas. Los nuevos vértices formados en la subdivisión se conectarán entre sí formando 4 caras de tipo *tri* o *quad,* Figura 116.

Figura 116. Resultado obtenido tras subdividir una cara triangular y una cara cuadrada.

Para aplicar la subdivisión a las aristas o caras seleccionadas, pulsa con el botón derecho del ratón sobre una zona de la vista 3D y a continuación selecciona la opción 'Subdividir'. Una vez aplicada la subdivisión, puede modificarse el número de cortes mediante el parámetro 'Cantidad de cortes' del panel inferior izquierdo de la vista 3D, Figura 117.

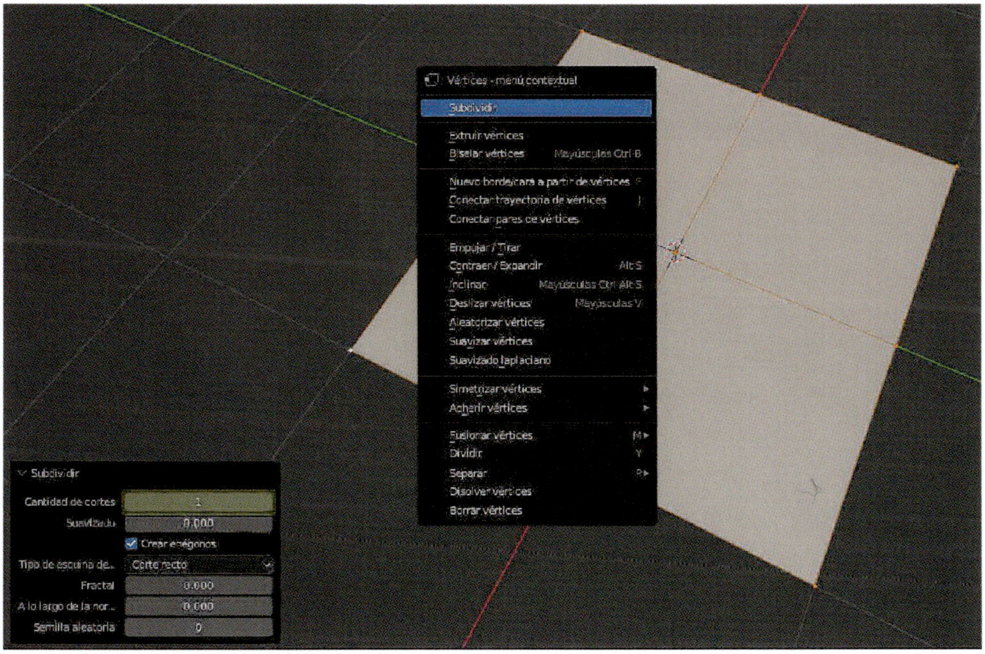

Figura 117. Opción del menú emergente que permite subdividir los elementos seleccionados. El panel situado en la parte inferior izquierda permite modificar el número de subdivisiones.

- **Nuevas aristas o caras.** Para generar una arista o cara a partir de 2 o más vértices no conectados entre ellos, selecciónalos y a continuación pulsa la opción 'Nuevo borde/cara a partir de vértices' dentro del menú 'Vértice' de la parte superior de la vista 3D, Figura 118. Esta opción también está disponible al pulsar con el botón derecho del ratón sobre una zona de la vista 3D. Como en otras herramientas, la forma más rápida de acceder a esta operación es utilizando el teclado. En este caso, la tecla 'F' permite crear aristas o caras. Además, manteniendo pulsada la tecla 'F' es posible generar bucles de caras a partir de 2 bucles de aristas. En ejemplos posteriores, se describirá con más detalle este último método de generación de caras.

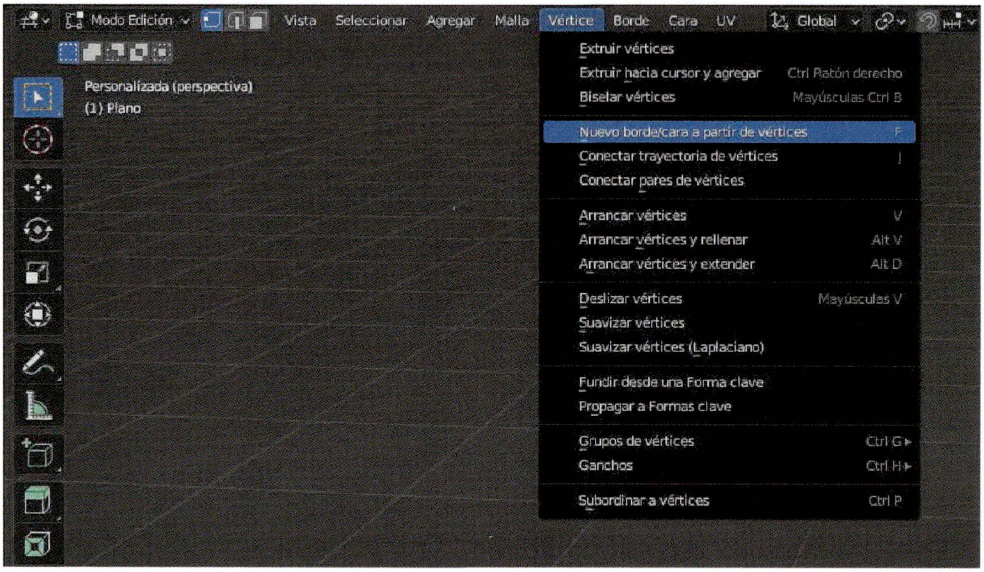

Figura 118. Opción para crear nuevas aristas o caras.

- **Rellenar.** Permite crear caras triangulares a partir del conjunto de vértices seleccionados. Para poder utilizar esta herramienta, selecciona un grupo de vértices que no estén conectados mediante polígonos. A continuación, presiona la opción 'Rellenar' dentro del menú 'Cara' situado en la parte superior de la vista 3D, Figura 119. También puedes emplear la combinación de teclas 'Alt+F'.

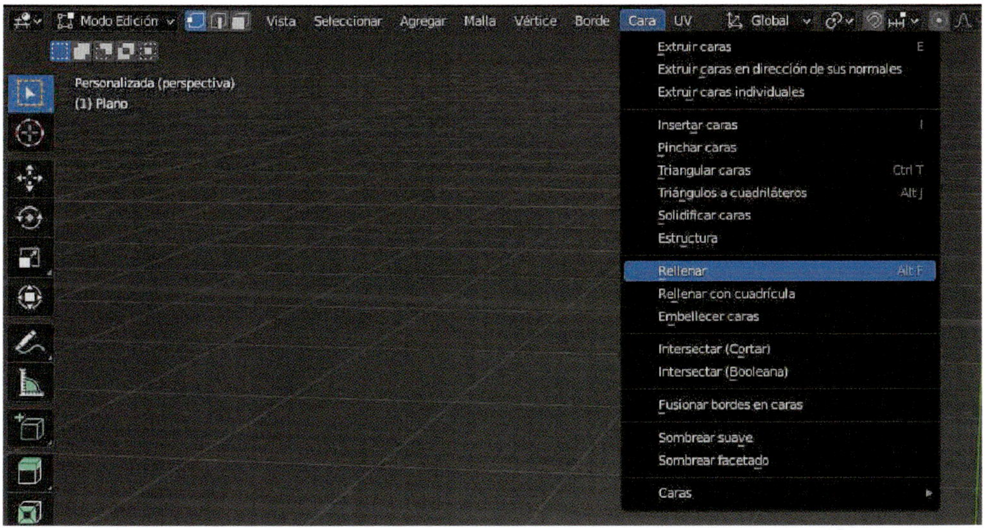

Figura 119. Opción para crear caras triangulares a partir del conjunto de vértices seleccionado.

Ejemplo guiado

- Crea un nuevo proyecto.
- Elimina todos los objetos de la escena presionando las teclas 'A' y 'suprimir'.
- Añade un círculo. Para ello presiona la combinación de teclas 'Mayúscula+A' y selecciona la opción 'Círculo' dentro del desplegable 'Malla'.
- Accede al modo edición pulsando la tecla 'tabulador'.
- Selecciona 2 vértices opuestos del círculo y presiona la tecla 'F' para conectarlos, Figura 120.

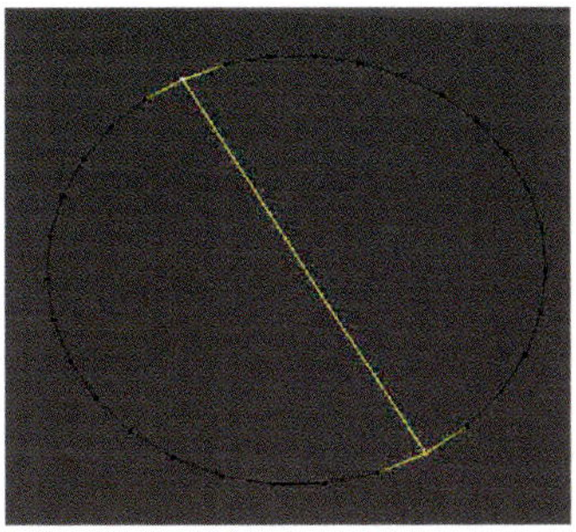

Figura 120. Arista creada entre 2 vértices opuestos en un círculo.

- Subdivide esa arista pulsando el botón derecho del ratón dentro de la vista 3D y

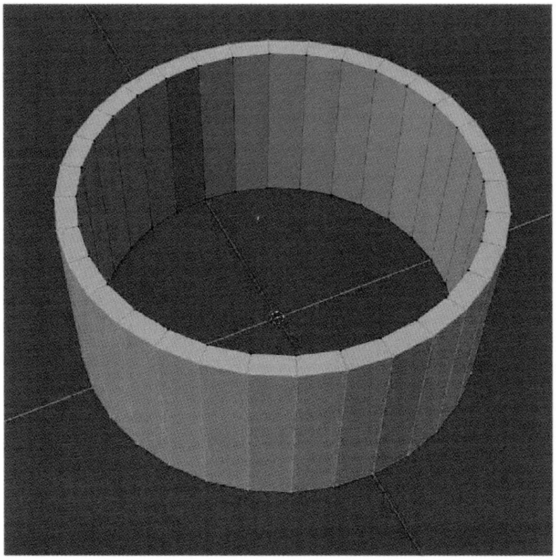

Figura 127. Caras obtenidas tras crear un puente entre las aristas de los círculos exteriores.

- **Creación de una ruta de vértices.** En Blender es posible unir vértices mediante una o varias aristas, dividiendo las caras que existen entre ellos. Cabe destacar que esta operación no puede aplicarse si no existen caras conectando los vértices seleccionados. Para crear una ruta de vértices, selecciona 2 vértices pertenecientes a la misma malla y que no estén conectados directamente. A continuación, pulsa la opción 'Conectar trayectoria de vértices' dentro del menú 'Vértices' de la vista 3D, Figura 128, o dentro del menú emergente que aparece tras pulsar con el botón derecho del ratón sobre una zona de la vista 3D. Esta función también puede ejecutarse al presionar la tecla 'J'.

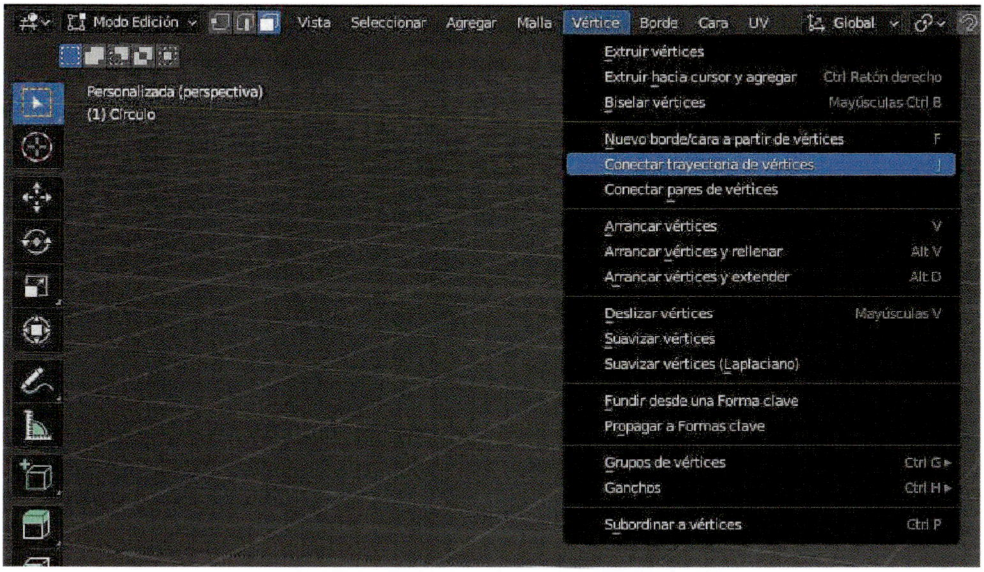

Figura 128. Opción que permite conectar 2 vértices, dividiendo las caras y aristas presentes.

Ejemplo guiado

- Crea un nuevo proyecto.
- Selecciona el cubo creado por defecto y accede al modo edición presionando la tecla 'tabulador'.
- Selecciona 2 vértices no contiguos en la cara superior y presiona la tecla 'J' para dividir la cara superior en dos.
- Selecciona los vértices equivalentes en la cara inferior y nuevamente presiona la tecla 'J'.
- Selecciona uno de los polos de tipo N de la cara superior. Recuerda que estos polos son vértices conectados mediante tres aristas. A continuación, selecciona el vértice de la cara inferior conectado al polo que has seleccionado. Elimina estos 2 vértices, de manera que la figura resultante sea un prisma triangular sin una de sus caras, Figura 129.

Figura 129. Prisma triangular sin una de sus caras, generado a partir de un cubo.

- Crea un *quad* seleccionando los vértices que formarían la cara faltante del prisma y pulsando la tecla 'F'.

- **Rellenar con cuadrícula.** Permite crear *quads* a partir de un conjunto de vértices seleccionados, los cuales deben estar conectados entre ellos por aristas pero no por caras. Para llevar a cabo este relleno, selecciona 2 bucles de aristas opuestas que presenten el mismo número de vértices y, a continuación, pulsa la opción 'Rellenar con cuadrícula' del menú 'Cara' situado en la parte superior de la vista 3D, Figura 130.

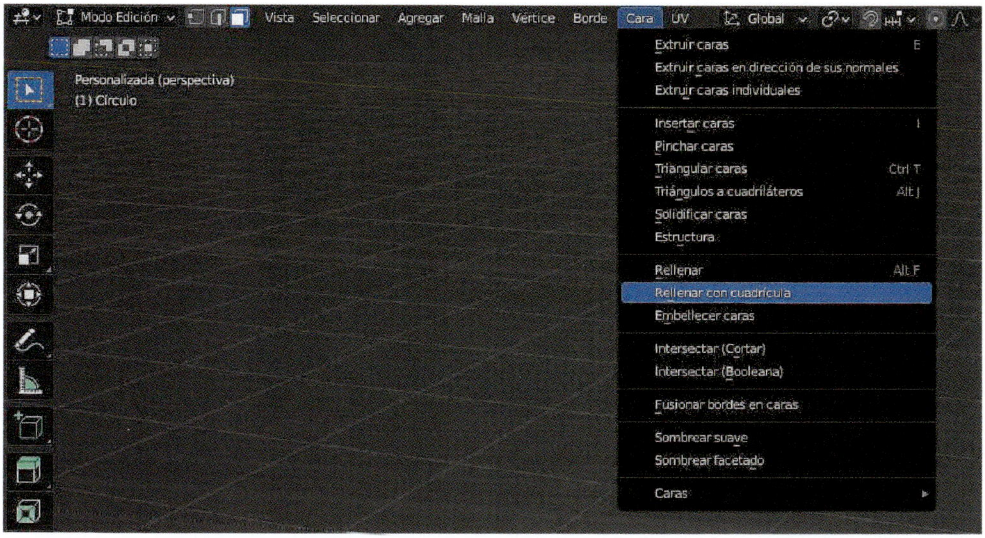

Figura 130. Opciones disponibles para rellenar áreas en la malla utilizando *quads*.

Ejemplo guiado

- Crea un nuevo proyecto.
- Elimina todos los objetos de la escena.
- Añade un plano y entra en el modo edición mediante la tecla 'tabulador'.
- Selecciona todos los vértices y presiona la tecla 'Suprimir'. Del menú emergente selecciona la opción 'Solo caras'.
- Posiciona el cursor en la vista 3D, selecciona todos los vértices mediante la tecla 'A' y pulsa el botón derecho del ratón. Del menú emergente selecciona 'Subdividir'.
- Utilizando el panel inferior izquierdo de la vista 3D, establece el parámetro 'Cantidad de cortes' en 4, Figura 131.

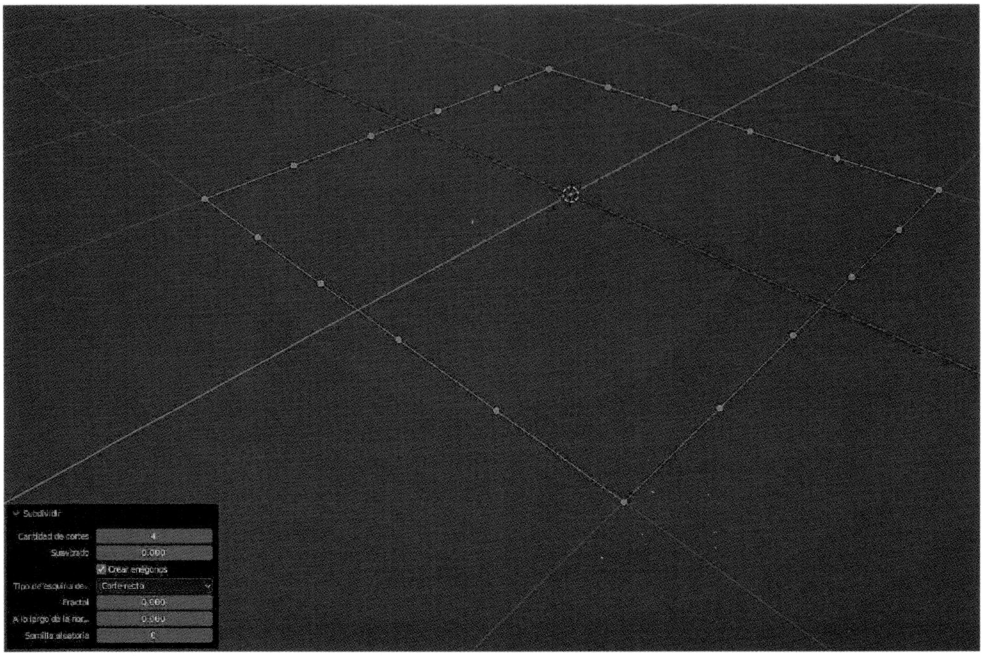

Figura 131. Operación de subdivisión realizada sobre un cuadrado de 2 x 2 unidades.

- Deselecciona todos los vértices presionando la combinación de teclas ‘Alt+A’.
- Selecciona todos los vértices de 2 lados opuestos del cuadrado. Para ello puedes utilizar la selección circular presionando la tecla ‘C’. En la Figura 132 se incluye una imagen del cuadrado de 20 vértices en la que se han seleccionado los vértices de las aristas de 2 de los 4 lados.

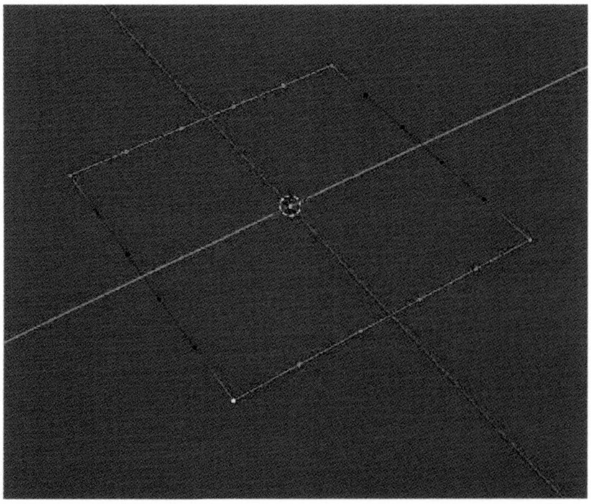

Figura 132. Selección de vértices de un cuadrado antes de realizar la operación de relleno con cuadrícula.

- Pulsa sobre la opción 'Rellenar con cuadrícula' del menú 'Cara' situado en la parte superior de la vista 3D. El resultado será una rejilla de 25 *quads*, Figura 133.

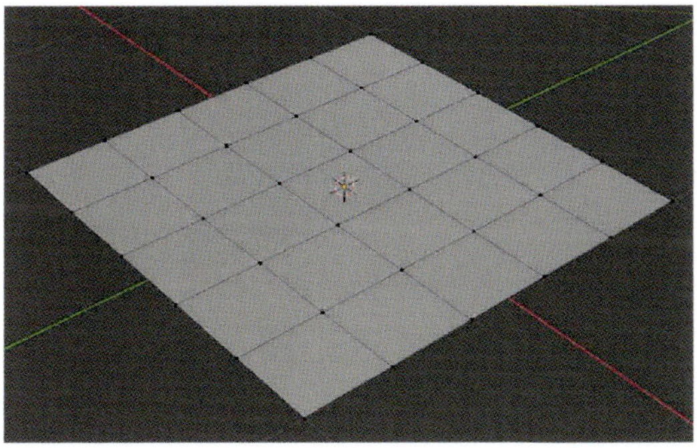

Figura 133. Opción 'Rellenar con cuadrícula' aplicada sobre un cuadrado formado por 20 vértices.

6.2.6 Triangular caras

Esta herramienta permite convertir las caras seleccionadas en triángulos. Para emplear esta función, selecciona las caras deseadas y presiona sobre 'Triangular caras' dentro del menú 'Cara' situado en la parte superior de la vista 3D, Figura 134. También es posible utilizar la combinación de teclas 'Crtl+T'.

6.2.7 Triángulos a cuadriláteros

Con esta operación se convertirán todas las caras *tris* seleccionadas en *quads* siempre que sea posible. Para utilizar la herramienta selecciona las caras deseadas y presiona sobre 'Triángulos a cuadriláteros' dentro del menú 'Cara' situado en la parte superior de la vista 3D, Figura 134. También es posible utilizar la combinación de teclas 'Alt+J'.

Figura 134. Opciones que permiten triangular caras o convertir *tris* en *quads*.

El uso de caras triangulares o cuadriláteras depende del objetivo de los modelos diseñados. De manera general, se aconseja utilizar *quads* durante el modelado de un objeto para facilitar las operaciones de diseño. Tras finalizar el modelo, solo se aconseja convertir los polígonos a *tris* si se desea trabajar en impresión 3D o en el desarrollo de videojuegos.

6.2.8 Separación de elementos

Del mismo modo que es posible agrupar la malla de varios objetos mediante la opción 'Unir', también se puede separar parte de la malla de un objeto y generar 2 objetos independientes. Para ello, es necesario acceder al modo edición, seleccionar todos los elementos de la malla que se deseen separar del objeto actual y finalmente pulsar la opción 'Selección' del desplegable 'Separar' del menú 'Malla' situado en la parte superior de la vista 3D, Figura 135. Este desplegable también está disponible al pulsar con el botón derecho del ratón en una zona de la vista 3D o al presionar la tecla 'P'.

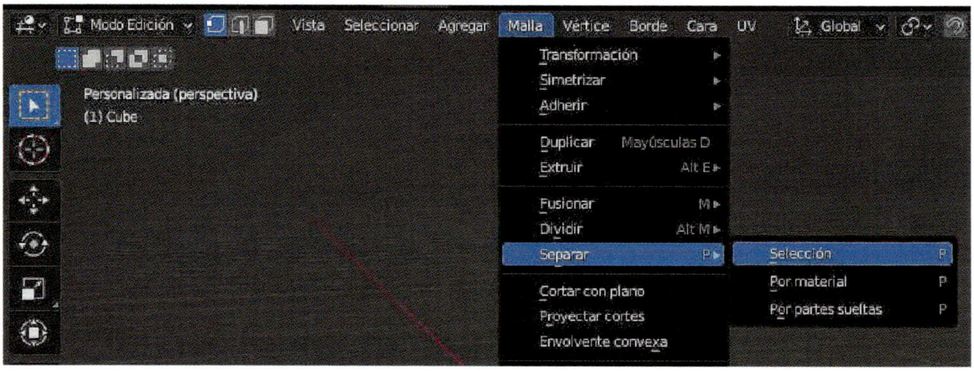

Figura 135. Opción que permite convertir la parte de la malla seleccionada en un objeto independiente.

6.3 Herramientas avanzadas de edición

Blender dispone de diversas herramientas que permiten generar cualquier tipo de geometría. Para trabajar con ellas es necesario activar en primer lugar el modo edición y a continuación seleccionar uno o varios vértices, aristas o caras. En esta guía para principiantes únicamente se describen y se muestra un ejemplo de las operaciones más significativas. Además, se ha incluido un ejemplo final donde se diseña un mecanismo biela-manivela utilizando lo aprendido.

La mayoría de las herramientas de diseño se encuentran disponibles en el modo edición dentro de los menús 'Malla', 'Vértice', 'Borde' o 'Cara' situados en la parte superior de la vista 3D. También es posible acceder a ellas utilizando los iconos situados dentro de la barra de herramientas situada a la izquierda de la pantalla de Blender. Estos iconos únicamente están disponibles en el modo edición. En la Figura 136 se incluye una imagen procedente de la barra de herramientas donde se observan los iconos y los nombres de cada una de las operaciones que se describen en esta guía.

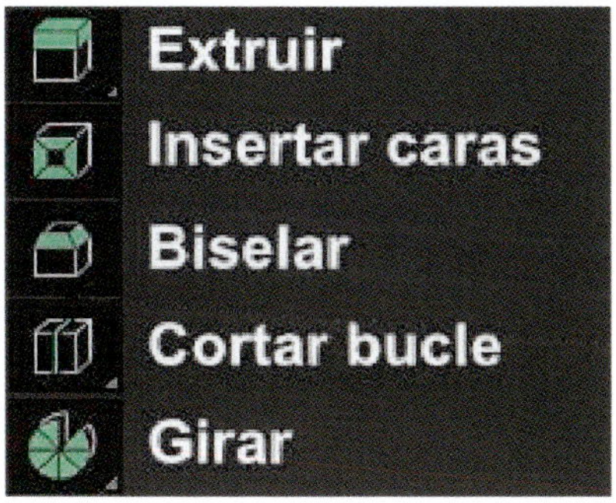

Figura 136. Iconos mostrados en la barra de herramientas situada a la izquierda de la vista 3D.

6.3.1 Extruir

La herramienta extruir duplica un conjunto de vértices, aristas o caras y los mantiene conectados con la geometría original. Los nuevos elementos pueden moverse en cualquier dirección del espacio 3D.

La extrusión más simple, denominada 'Extruir región' en Blender, permite duplicar vértices, aristas o caras y moverlas en una dirección. Para activar la herramienta, selecciona los vértices, aristas o caras que desees y emplea una de las siguientes opciones:

- Pulsa sobre la opción 'Extruir vértices', 'Extruir aristas' o 'Extruir caras' dentro del menú 'Vértice', 'Arista' o 'Cara' situado en la parte superior de la vista 3D. A continuación, mueve el cursor para desplazar los elementos duplicados y pulsa el botón izquierdo del ratón para aceptar la posición. Si no deseas mover los nuevos elementos presiona la tecla 'escape' para salir de la operación de transformación.
- Coloca el cursor del ratón dentro de la vista 3D y pulsa la tecla 'E'. Del mismo modo que en la situación anterior, mueve el cursor para desplazar los elementos duplicados y pulsa el botón izquierdo para aceptar la posición. Utiliza la tecla 'escape' si prefieres no mover los nuevos elementos.

- Pulsa el icono correspondiente a la opción 'Extruir' de la barra de herramientas situada a la izquierda de la vista 3D, Figura 136. A continuación, arrastra el manipulador de color amarillo que aparecerá sobre los elementos seleccionados para duplicarlos y moverlos en la dirección indicada por el manipulador, Figura 137.

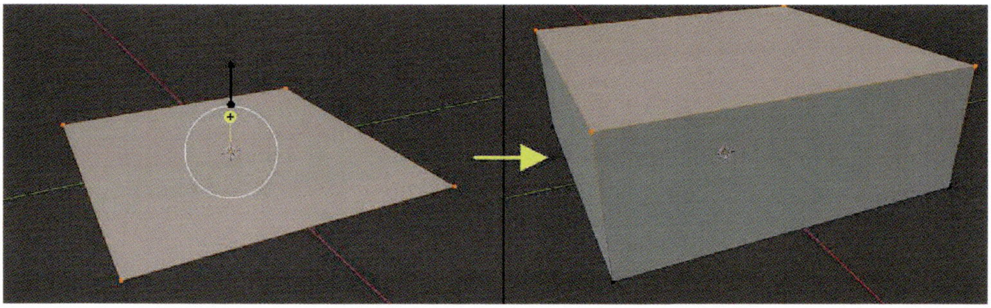

Figura 137. Extrusión realizada sobre un plano a partir de su manipulador de extrusión.

Cuando se selecciona una cara y se activa la extrusión mediante la tecla 'E' o utilizando el menú superior de la vista 3D, el movimiento de la nueva cara duplicada se realiza a lo largo de su vector normal. Sin embargo, es posible mover la cara en un eje global específico utilizando las teclas 'X', 'Y' o 'Z'. Además, al igual que en otras operaciones de transformación descritas anteriormente, tras seleccionar el eje de movimiento puede escribirse un valor específico para mover con precisión los nuevos elementos duplicados.

Por otra parte, al seleccionar varias caras y activar la operación de extrusión, el movimiento de estas se realiza con respecto a un eje común. Este eje es el valor medio de los vectores normales de cada cara seleccionada, lo que puede ser contraproducente en ciertas situaciones. Para extruir cada una de las caras seleccionadas con respecto a su vector normal se puede emplear cualquier de las siguientes opciones:

- Pulsa sobre la opción 'Extruir caras en dirección de sus normales' del menú 'Cara' situado en la parte superior de la vista 3D. A continuación, mueve el ratón y presiona el botón izquierdo para aceptar la nueva posición de las caras duplicadas. También puedes especificar un valor con el teclado y presionar 'Intro'.
- Con el cursor del ratón dentro de la vista 3D, pulsa la combinación de teclas 'Alt+E' y selecciona la opción 'Extruir caras en dirección de sus normales'. A continuación, mueve el cursor para desplazar los elementos duplicados y pulsa el botón izquierdo

del ratón para aceptar la posición. También puedes especificar un valor con el teclado y presionar 'Intro'.

- Mantén pulsado el icono correspondiente a la opción 'Extruir' de la barra de herramientas situada a la izquierda de la vista 3D y selecciona la opción 'Extruir según normales'. A continuación, arrastra el manipulador de color amarillo para duplicar y mover las caras. También puedes especificar un valor de desplazamiento utilizando el panel situado en la parte inferior izquierda de la vista 3D, Figura 138.

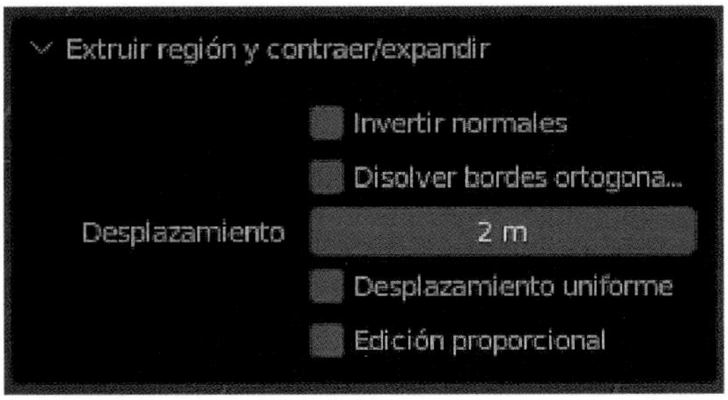

Figura 138. Panel situado en la parte inferior izquierda de la vista 3D donde es posible especificar un valor de desplazamiento en la extrusión.

Una característica de la opción 'Extruir caras en dirección de sus normales' es que siempre mantiene conectadas todas las caras extruidas. Sin embargo, en ocasiones es interesante que dichas caras puedan moverse de forma independiente siguiendo la dirección y sentido de su vector normal. Para conseguir esta extrusión selecciona en primer lugar un conjunto de caras y a continuación emplea una de las siguientes opciones:

- Pulsa sobre la opción 'Extruir caras individuales' dentro del menú 'Cara' situado en la parte superior de la vista 3D. A continuación, mueve el ratón y presiona el botón izquierdo para aceptar la nueva posición de las caras duplicadas.
- Coloca el cursor del ratón dentro de la vista 3D y pulsa la combinación de teclas 'Alt+E'. Selecciona la opción 'Extruir caras individuales' y mueve el cursor para desplazar los elementos duplicados. Finalmente, pulsa el botón izquierdo del ratón para aceptar la posición.
- Mantén pulsado el icono correspondiente a la opción 'Extruir' de la barra de herramientas situada a la izquierda de la vista 3D y selecciona la opción 'Extruir individualmente'. A continuación, arrastra el manipulador de color amarillo para duplicar y mover las caras.

Ejemplo guiado

A continuación, se va a diseñar el marco de una ventana a partir de un cubo, utilizando para ello las herramientas de edición descritas hasta ahora.

- Crea un nuevo proyecto.
- Selecciona el cubo y accede al modo edición presionando la tecla 'tabulador'.
- Sitúa la vista de tal forma que el eje X (rojo) se extienda de izquierda a derecha.
- Selecciona las caras superior y derecha.
- Presiona la combinación de teclas 'Alt+E' y pulsa sobre la opción 'Extruir caras individuales'. A continuación, escribe el valor 5 y pulsa la tecla 'Intro'.
- Nuevamente, presiona 'Alt+E' y selecciona 'Extruir caras individuales'. En esta ocasión escribe el valor 2 y presiona 'Intro'.
- Selecciona la cara indicada en la Figura 139 y a continuación pulsa la tecla 'E'. Escribe el valor 5 y presiona 'Intro'.

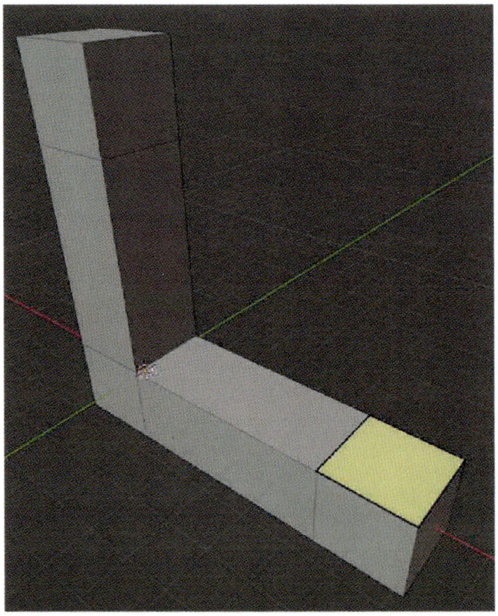

Figura 139. Cara donde debe aplicarse la extrusión.

- Nuevamente presiona 'E', escribe el valor 2 y pulsa 'Intro'.
- Selecciona la cara derecha de la parte superior izquierda de la pieza y la cara izquierda de la parte superior derecha de la pieza, Figura 140.

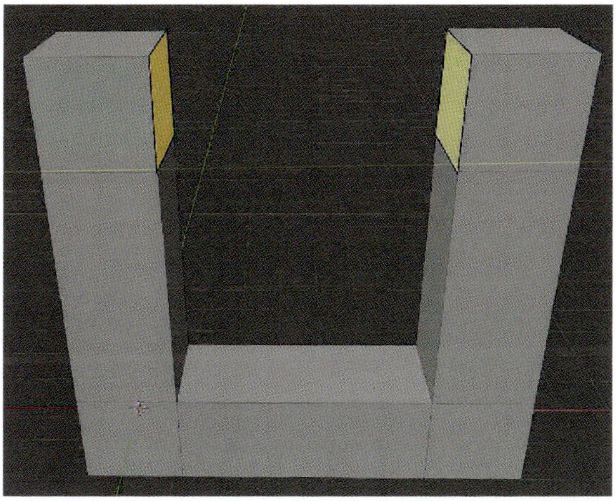

Figura 140. Caras seleccionadas tras la última extrusión.

- Coloca el cursor en la vista 3D y pulsa el botón derecho del ratón. Del menú emergente, selecciona la opción 'Puentear caras'.
- Guarda el archivo con el nombre «Ventana.blend».

6.3.2 Insertar caras

Esta herramienta inserta una nueva cara en cada arista de las caras seleccionadas. Para utilizarla es necesario seleccionar una o varias caras presentes en el modelo y a continuación realizar una de las siguientes operaciones:

- Pulsa sobre la opción 'Insertar caras' del menú 'Cara' situado en la parte superior de la vista 3D. A continuación, mueve el ratón para cambiar la escala de las nuevas caras y presiona el botón izquierdo para aceptar los cambios. También puedes teclear el ancho de las nuevas caras y presionar 'Intro'.
- Coloca el cursor dentro de la vista 3D y presiona la tecla 'I'. A continuación, mueve el ratón para cambiar la escala de las nuevas caras o teclea su ancho directamente. Finalmente pulsa el botón izquierdo del ratón o presiona la tecla 'Intro' para aceptar los cambios.
- Pulsa el icono correspondiente a la herramienta 'Insertar caras', Figura 136. A continuación, arrastra el manipulador para crear y redimensionar las nuevas caras.

Una vez utilizada la herramienta, Blender muestra un panel de parámetros en la parte inferior izquierda de la vista 3D, Figura 141.

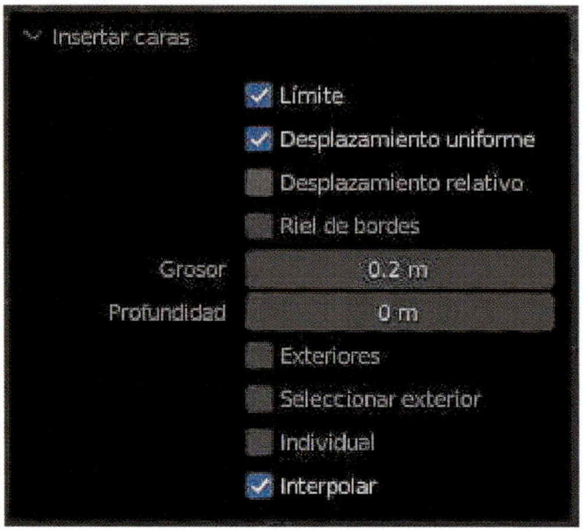

Figura 141. Panel que permite ajustar los parámetros de la opción 'Insertar caras'.

De los parámetros disponibles en este panel, los que presentan un mayor interés para el objetivo de esta guía son:

- **Grosor.** Permite redefinir el valor del ancho de las caras.
- **Profundidad.** Aumenta o disminuye la profundidad de las caras insertadas.
- **Seleccionar exterior.** Se seleccionan las caras insertadas.
- **Individual.** Por defecto, las caras se insertan solamente en las aristas que rodean la selección. Sin embargo, con esta opción se insertan caras en todas las aristas seleccionadas.

Ejemplo guiado

Continuando con el modelo anterior, se diseñará el cristal de la ventana en el centro del marco.

- Utilizando la opción 'Abrir' del menú 'Archivo', carga el proyecto denominado «Ventana.blend».
- Accede al modo edición presionando la tecla 'tabulador'.
- Selecciona las caras internas del marco, Figura 142, pulsa la tecla 'I' y escribe el valor 0.9. Finalmente, pulsa la tecla 'Intro' para aceptar los cambios. Esta operación dividirá cada cara en 3. Las caras externas presentarán 0.9 m de ancho y las caras internas, 0.2 m.

Figura 142. Caras seleccionadas antes de emplear la opción 'Insertar caras'.

- Sin deseleccionar los elementos actuales, pulsa la tecla 'X' y selecciona la opción 'Caras'. Esto eliminará las caras seleccionadas. Aunque esta operación puede parecer innecesaria, mejora considerablemente nuestro diseño en caso de querer utilizarlo en impresión 3D o en el desarrollo de videojuegos.
- Cambia el modo de selección a 'Bordes' y, manteniendo presionada la tecla 'alt', selecciona una de las 8 aristas pertenecientes a las caras eliminadas. Esto seleccionará un bucle de 4 aristas.
- Pulsa la tecla 'F' para crear una nueva cara.
- Selecciona las 4 aristas restantes y presiona la tecla 'F' para crear una nueva cara y obtener una malla cerrada, Figura 143.

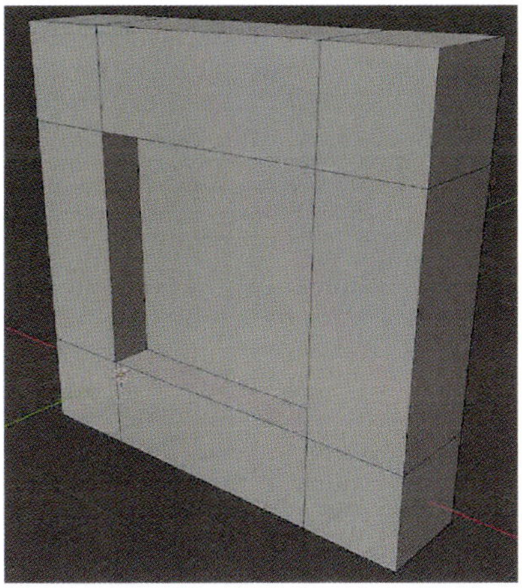

Figura 143. Geometría resultante tras la creación de las caras del cristal de la ventana.

- Guarda el archivo mediante la opción 'Guardar' del menú 'Archivo'.

6.3.3 Biselar

Esta herramienta redondea las aristas o vértices, añadiendo un número de caras determinado. Para trabajar con esta herramienta en primer lugar deben seleccionarse uno o varios vértices o aristas, y a continuación realizar una de las siguientes operaciones:

- Pulsa sobre la opción 'Biselar vértices' del menú 'Vértice' o 'Biselar bordes' del menú 'Borde'. Estas opciones se encuentran en la barra situada en la parte superior de la vista 3D. A continuación, mueve el ratón para establecer el ancho del bisel y pulsa el botón izquierdo para aceptar los cambios. También puedes escribir directamente dicho valor y presionar la tecla 'Intro'. Si durante la operación deseas suavizar el biselado, puedes emplear la rueda del ratón para aumentar o disminuir el número de caras insertadas.
- Pulsa la combinación de teclas 'Crtl+B' y mueve el ratón para modificar el ancho del bisel. Nuevamente puedes escribir directamente dicho valor y presionar la tecla 'Intro'. Asimismo, también puedes usar la rueda del ratón para aumentar o disminuir el número de caras insertadas.
- Pulsa el icono correspondiente a 'Biselar', Figura 136, de la barra de herramientas situada a la izquierda de la vista 3D. A continuación, arrastra el manipulador para añadir el bisel.

Una vez utilizada la herramienta, Blender mostrará un panel con diferentes parámetros en la parte inferior izquierda de la vista 3D, Figura 144.

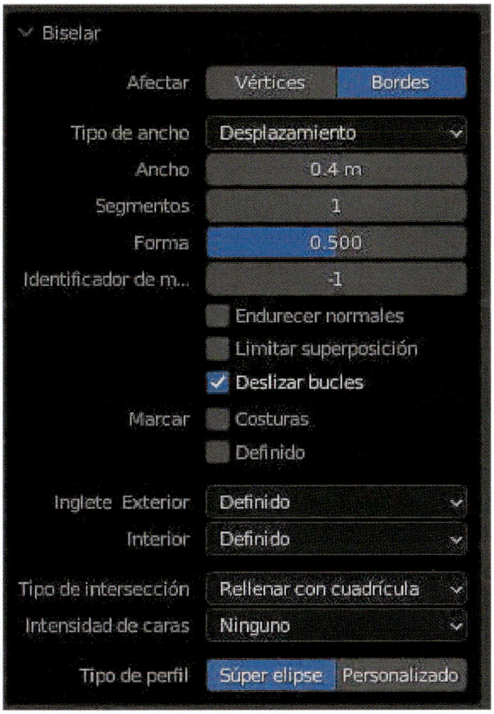

Figura 144. Panel que permite ajustar los parámetros de la operación de biselado.

De las opciones disponibles en este panel, las más destacadas son las siguientes:

- **Afectar.** Define el tipo de elemento en el que se aplicará el biselado. Pueden ser vértices o aristas.
- **Ancho**. Ancho del bisel.
- **Segmentos**. Número de caras que formarán el bisel.
- **Inglete exterior / interior**. Permite definir el aspecto de los ingletes. Se origina un inglete cuando 2 aristas biseladas se conectan entre sí. Por defecto, los ingletes no se redondean (opción 'Definido'). Sin embargo, es posible redondearlos utilizando la opción 'Arco' que se encuentra dentro de ambos desplegables. Así, el parámetro 'Inglete exterior' redondeará o definirá ingletes cuyas aristas presenten un ángulo superior a 180°, mientras que el parámetro 'Inglete interior' redondeará o definirá ingletes cuyas aristas tengan un ángulo inferior a 180°.
- **Dispersión**. Solo está disponible al utilizar un inglete interior de tipo arco y permite definir la separación entre los vértices del inglete.

Ejemplo guiado

- Abre el proyecto «Ventana.blend» y accede al modo edición con la tecla 'tabulador'.
- Selecciona las aristas internas del marco, Figura 145.

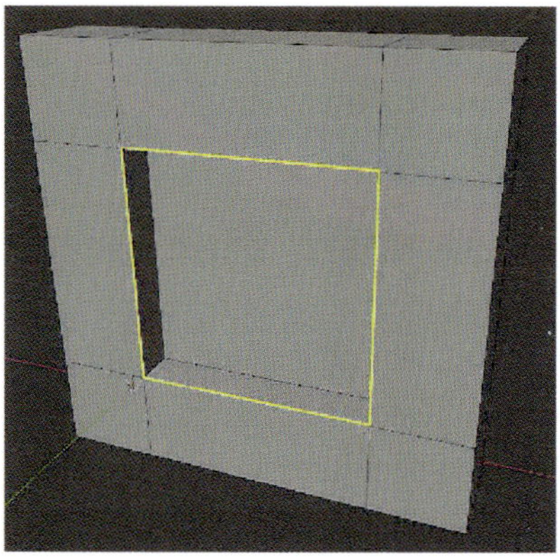

Figura 145. Aristas internas seleccionadas.

- Presiona el atajo de teclado 'Crtl+B', escribe el valor 0.2 y pulsa la tecla 'Intro'.
- Introduce el valor 4 en el parámetro 'Segmentos' del panel situado en la parte inferior izquierda de la vista 3D.
- Haz la misma operación en el lado opuesto del marco. El resultado en ambos lados debe ser el mostrado en la Figura 146.

Figura 146. Resultado tras aplicar la operación de biselado.

- Guarda el archivo utilizando la opción 'Guardar' del menú 'Archivo'.

6.3.4 Cortar bucle

Mediante la opción 'Cortar bucle' es posible dividir un bucle de caras un número determinado de veces. Para llevar a cabo esta operación debe emplearse una de las siguientes opciones:

- Pulsa sobre 'Cortar y deslizar bucle' del menú 'Borde' situado en la parte superior de la vista 3D. A continuación, pulsa sobre el objeto en el que deseas realizar la operación y mueve el ratón sobre una arista de la geometría para visualizar el efecto de la herramienta. Utiliza la rueda del ratón para incrementar el número de divisiones. Para aceptar la división pulsa el botón izquierdo del ratón. Finalmente, mueve el ratón para modificar la posición de las nuevas aristas y pulsa nuevamente el botón izquierdo para aceptar dicha posición. Si no deseas modificar la posición de las nuevas aristas, presiona la tecla 'escape' en lugar del botón izquierdo del ratón.
- Presiona la combinación de teclas 'Crtl+R' y a continuación mueve el ratón sobre una arista de la geometría. Del mismo modo que en la opción anterior, utiliza la rueda del ratón para aumentar o disminuir el número de divisiones y el botón izquierdo del ratón para aceptar las divisiones y la posición de las aristas. Presiona la tecla 'escape' si deseas aceptar la posición por defecto de las nuevas aristas.
- Pulsa sobre el icono 'Cortar bucle', Figura 136, de la barra de herramientas situada a la izquierda de la vista 3D y a continuación mueve el ratón sobre una arista. Pulsa el botón izquierdo del ratón para aceptar la división.

Tras utilizar la herramienta, se mostrará un panel de parámetros en la parte inferior izquierda de la vista 3D, Figura 147.

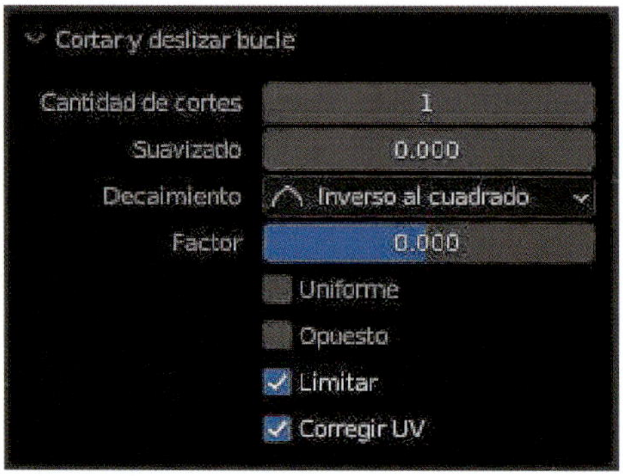

Figura 147. Parámetros disponibles en el panel situado en la parte inferior izquierda de la vista 3D.

De las opciones disponibles en este panel, aquellas que presentan un mayor interés son las siguientes:

- **Cantidad de cortes.** Define el número de divisiones realizadas.
- **Suavizado.** Curva las aristas que participan en la operación.
- **Decaimiento.** Establece el perfil de la curva utilizada en el parámetro 'Suavizado'.
- **Factor.** Posición relativa de las nuevas aristas.

Ejemplo guiado

- Abre el proyecto «Ventana.blend» y accede al modo edición presionando la tecla 'tabulador'.
- Presiona la combinación de teclas 'Crtl+R' y posiciona el cursor en una de las aristas verticales externas de mayor longitud, Figura 148. Utiliza la rueda del ratón para dividir esta región en 3 partes. Finalmente pulsa el botón izquierdo del ratón para aceptar la división y presiona la tecla 'escape' para no modificar la posición de las nuevas aristas.

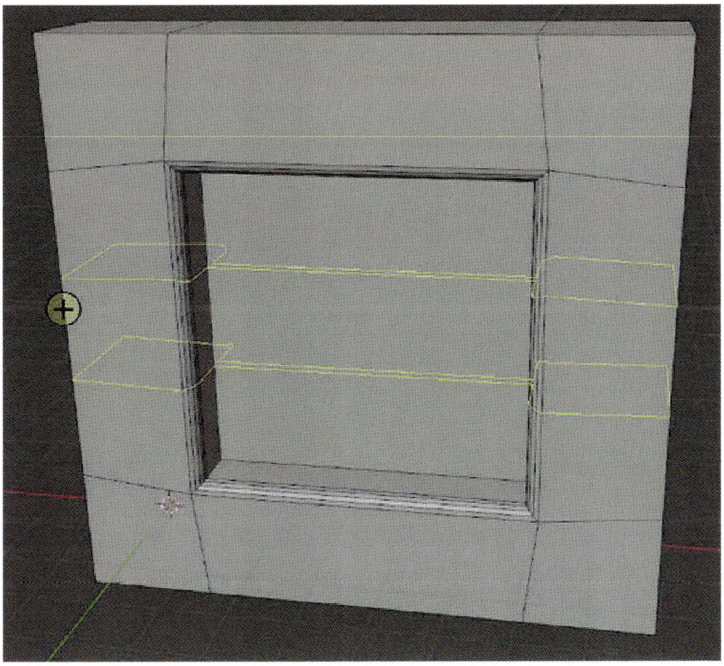

Figura 148. Opción 'Cortar bucle' aplicada sobre la arista izquierda, vertical y central de la geometría.

- Escala en el eje Z las nuevas aristas. Para ello, pulsa la tecla 'S' y posteriormente la tecla 'Z'. A continuación, escribe el valor 0.1 y presiona la tecla 'Intro'.
- Mediante la combinación de teclas 'Crtl+R' y realizando un proceso similar al descrito con anterioridad, divide verticalmente la geometría para obtener el número de divisiones mostradas en la Figura 149.

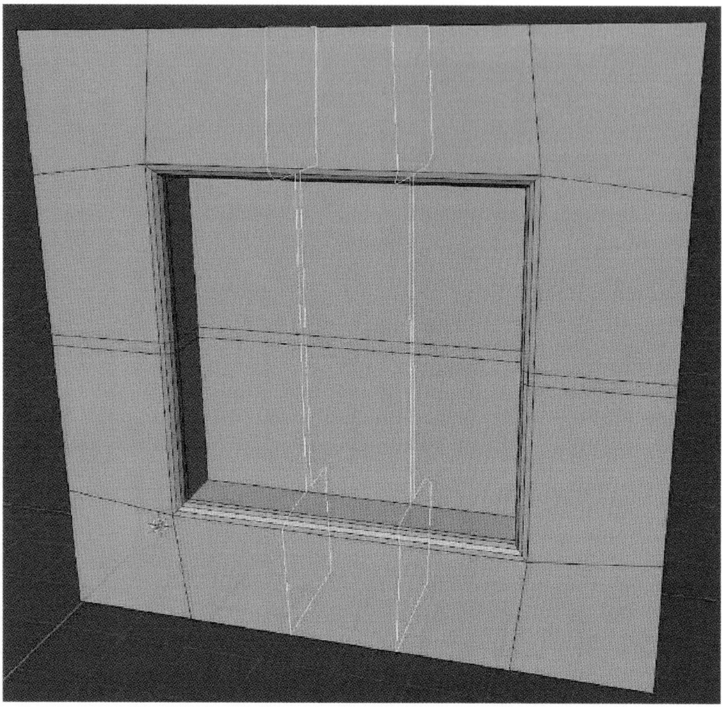

Figura 149. Opción 'Cortar bucle' aplicada sobre la arista superior, horizontal y central de la geometría.

- Escala en el eje X las nuevas aristas. Para ello, pulsa las teclas 'S' y 'X', escribe el valor 0.1 y presiona la tecla 'Intro'.
- Nuevamente, presiona la combinación de teclas 'Crtl+R' y divide las caras internas del marco en 2, tal y como se muestra en la Figura 150. Presiona la tecla 'escape' para conservar la posición de las aristas. Aplica esta misma operación en el lado opuesto del marco.

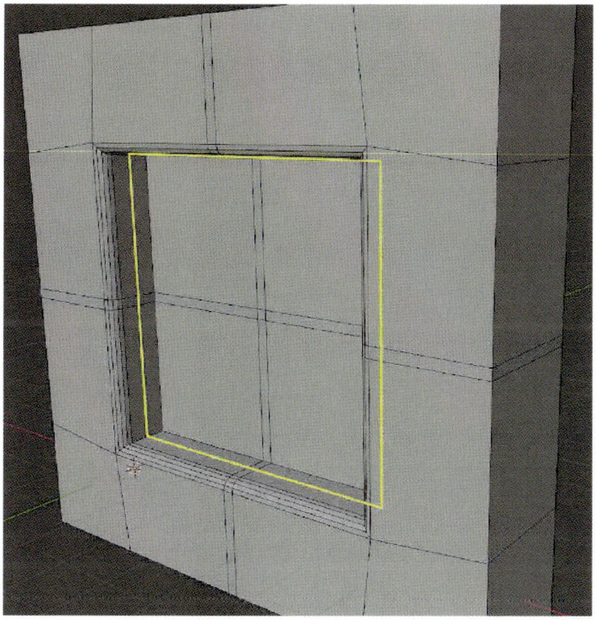

Figura 150. Opción 'Cortar bucle' aplicada sobre las caras internas del marco de la ventana.

- Elimina las 5 caras que forman parte de la cruz central de la geometría. Además, elimina las 4 caras que limitan tanto con la cruz central como con la división generada en el punto anterior, Figura 151. Aplica esta misma operación en el lado opuesto del marco.

Figura 151. Caras seleccionadas para su posterior eliminación.

- Crea una cara que conecte las aristas marcadas con una línea amarilla en la Figura 152. Para ello, selecciona ambas aristas y presiona la tecla 'F'. Aplica esta misma operación en el lado opuesto del marco.

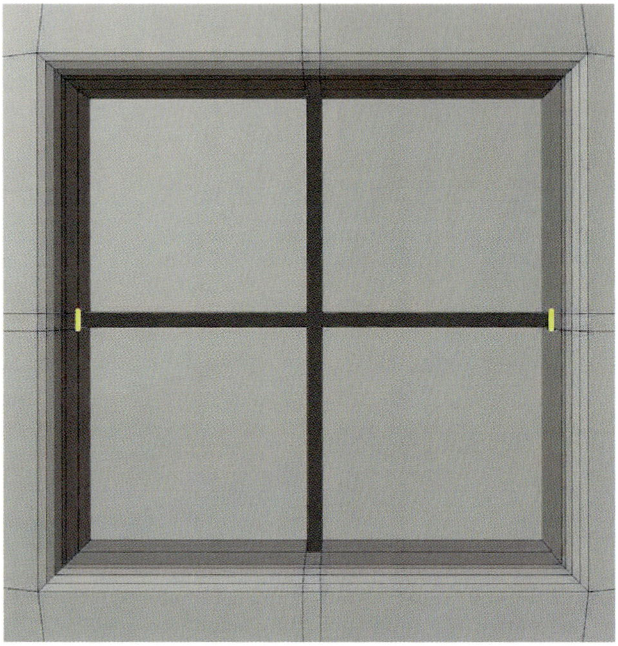

Figura 152. Aristas seleccionadas antes de crear una cara que las conecte.

- Mediante la combinación de teclas 'Crtl+R' divide la cara creada en 3 partes, tal y como se muestra en la Figura 153. Utiliza la tecla 'escape' para no mover las nuevas aristas. Aplica esta misma operación en el lado opuesto del marco.

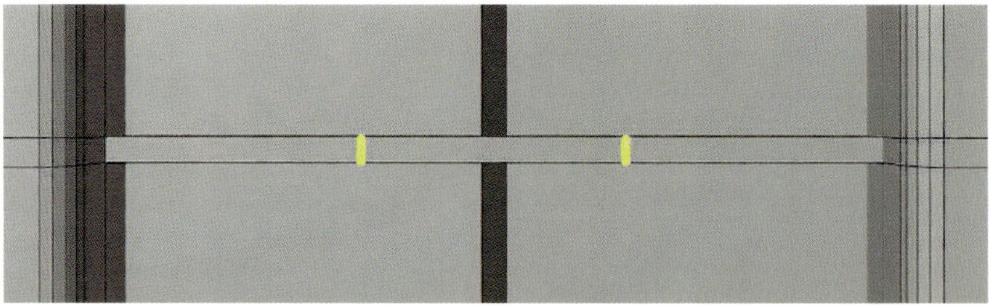

Figura 153. Opción 'Cortar bucle' aplicada sobre la cara creada.

- Escala las nuevas aristas en el eje X, pulsando las teclas 'S' y 'X'. Escribe el valor 0.1 y presiona 'Intro'. Aplica esta misma operación en el lado opuesto del marco.
- Finalmente, crea suficientes caras para cerrar la malla y generar una geometría similar a la mostrada en la Figura 154.

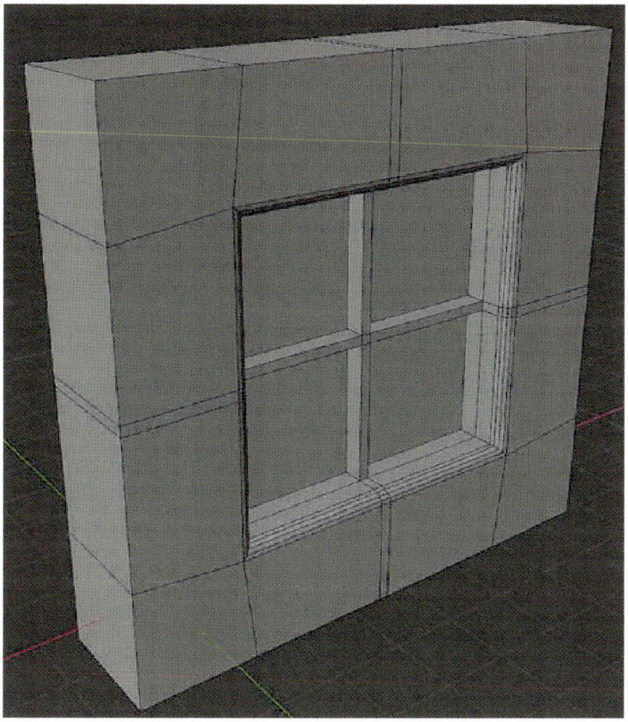

Figura 154. Ventana diseñada a partir de un cubo.

6.3.5 Girar

Esta herramienta permite extruir n veces un conjunto de vértices, aristas o caras y rotar dicha extrusión usando el cursor 3D como punto de rotación. Para llevar a cabo esta operación, selecciona en primer lugar un conjunto de vértices, aristas o caras y posteriormente pulsa sobre el icono 'Girar', Figura 136, de la barra de herramientas situada a la izquierda de la vista 3D. A continuación, especifica el eje de extrusión utilizando las opciones 'X', 'Y' o 'Z' disponibles en la barra de la parte superior izquierda de la vista 3D, Figura 155. Finalmente, arrastra el manipulador azul mostrado sobre el objeto para establecer la nueva posición de los elementos extruidos.

Figura 155. Opciones disponibles en la barra situada en la parte superior izquierda de la vista 3D tras activar la operación de giro.

Una vez empleada esta herramienta, Blender mostrará un panel de parámetros en la parte inferior izquierda de la vista 3D, Figura 156.

Figura 156. Parámetros disponibles en el panel situado en la parte inferior izquierda de la vista 3D.

De las opciones disponibles en este panel, las más significativas son las siguientes:

- **Intervalos.** Define el número de extrusiones realizadas.
- **Ángulo.** Ángulo formado entre los vértices seleccionados por el usuario y los vértices de la última extrusión.
- **Fusionar automáticamente.** Permite fusionar los vértices seleccionados por el usuario y los vértices de la última extrusión, siempre y cuando el ángulo entre ellos sea una revolución completa.

Ejemplo guiado

- Crea un nuevo proyecto.
- Selecciona todos los objetos creados por defecto y elimínalos de la escena.
- Crea un plano utilizando la combinación de teclas 'Mayúscula+A'.
- Rota el plano 90º en el eje X. Para ello, presiona las teclas 'R' y 'X' y escribe a continuación el valor 90. Para aceptar la rotación presiona 'Intro'.
- Mueve el plano en el eje X presionando la tecla 'G' y posteriormente la tecla 'X'. Escribe el valor 2 y presiona 'Intro' para aceptar los cambios.
- Accede al modo editar presionando la tecla 'tabulador'.

- Selecciona todos los vértices del plano y pulsa sobre el icono 'Girar' de la barra de herramientas situada a la izquierda de la vista 3D. Establece como eje de rotación el eje Z y mueve el manipulador hasta conseguir una rotación de aproximadamente 360º.
- En el panel situado en la parte inferior izquierda de la vista 3D, establece un valor de 64 en el parámetro 'Intervalos' y escribe 360 en el parámetro 'Ángulo'. El resultado de esta operación se muestra en la Figura 157.

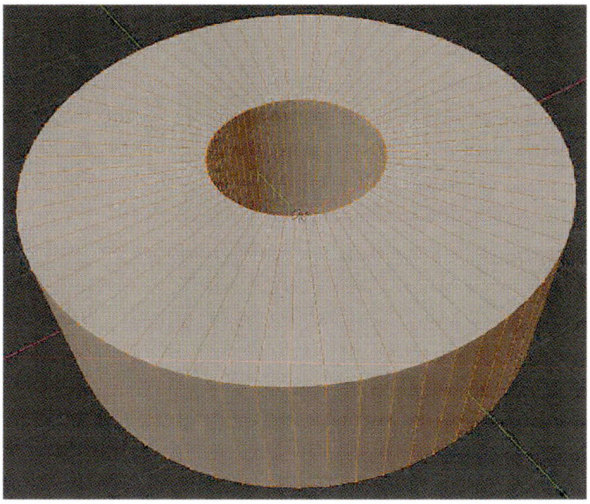

Figura 157. Geometría obtenida tras aplicar la operación de giro a un plano.

6.4 Diseño de un mecanismo biela-manivela

En este ejemplo, se diseñará un mecanismo que contenga un émbolo, una biela y una manivela. Este mecanismo podría simular un motor de explosión utilizado para transformar el movimiento lineal de un pistón en un movimiento de giro. Para ello, se modelará cada uno de los objetos mostrados en la Figura 158. En esta figura se indica el orden en el que se diseñarán dichos objetos.

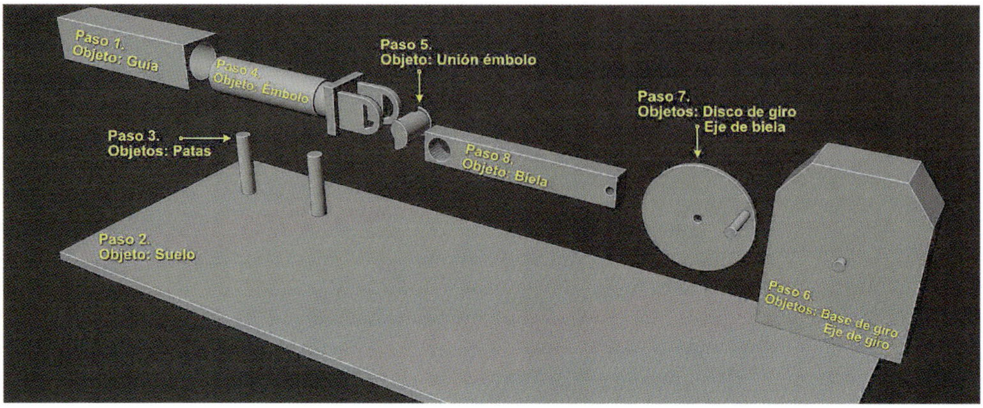

Figura 158. Orden en el que se diseñará cada uno de los objetos empleados en el mecanismo biela-manivela.

- Crea un nuevo proyecto.
- Selecciona todos los objetos de la escena y elimínalos.
- Crea un plano a partir del menú emergente mostrado al presionar la combinación de teclas 'Mayúscula+A'. En el panel inferior izquierdo, establece el tamaño del plano en 0.25 m.
- Renombra el objeto como «Guía». Para ello utiliza la pestaña 'Propiedades de objetos', Figura 52.
- Pulsa la tecla 'tabulador' para activar el modo edición y selecciona la única cara del objeto con el botón izquierdo del ratón.
- Elimina solo la cara, manteniendo las aristas y vértices. Para ello pulsa la tecla 'suprimir' y a continuación selecciona la opción 'Solo caras'.
- Selecciona todos los vértices del objeto y, colocando el cursor dentro de la vista 3D, pulsa el botón derecho del ratón. Del menú emergente selecciona la opción 'Subdividir'. En el parámetro 'Cantidad de cortes' del panel situado en la parte inferior izquierda establece un valor de 7.
- Sin salir del modo edición, añade un objeto de tipo círculo. Para ello, presiona la combinación de teclas 'Mayúscula+A' y del menú emergente selecciona la opción 'Círculo'. Establece el parámetro 'Radio' del panel situado en la parte inferior izquierda en 0.1 m.
- Selecciona todas las aristas y pulsa sobre la opción 'Puentear bucles de bordes' del menú 'Borde', Figura 123.
- Selecciona todas las caras y extrúyelas en el eje Z. Presiona 'E' y establece un valor

de 0.75 m en el eje Z. Finalmente, presiona la tecla 'Intro' para aceptar los cambios.

- Tras la extrusión y sin deseleccionar ningún elemento, elimina las caras seleccionadas utilizando la tecla 'X' y escogiendo la opción 'Caras'.
- En la parte superior de la geometría, Figura 159, selecciona 2 vértices opuestos del círculo y presiona la tecla 'F' para conectarlos. Esto creará una arista entre ambos vértices.

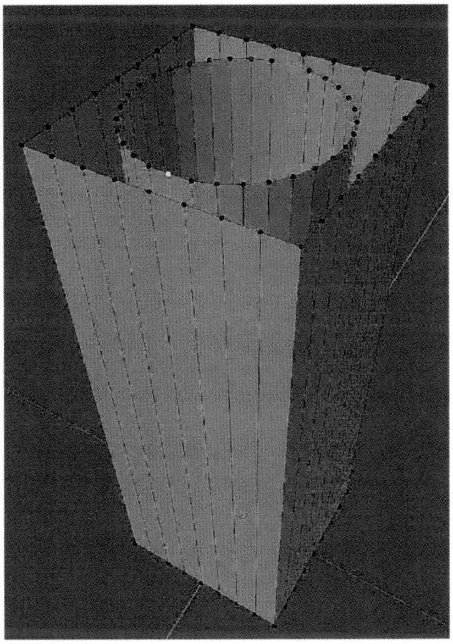

Figura 159. Vértices seleccionados en la parte superior de la geometría.

- Sin deseleccionar la arista creada, presiona el botón derecho del ratón y pulsa sobre la opción 'Subdividir'.
- Selecciona todos los vértices del círculo, así como el vértice del centro generado en el paso anterior. Para ello, selecciona el vértice central y a continuación emplea la combinación de teclas 'Mayúscula+Alt' y clica sobre una arista del círculo.
- Presiona la combinación de teclas 'Alt+F' para rellenar el círculo con caras triangulares.
- Selecciona todos los vértices del cuadrado de la parte superior de la geometría, Figura 160.

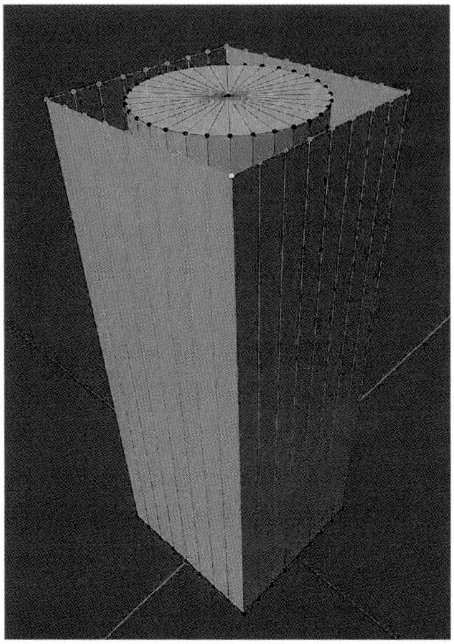

Figura 160. Vértices seleccionados en el cuadrado de la parte superior de la geometría.

- Mueve los vértices seleccionados 0.25 m en el eje Z. Para ello, presiona las teclas 'G' y 'Z' y escribe el valor 0.25. Finalmente presiona la tecla 'Intro' para aceptar los cambios.
- Rellena el cuadrado con *quads*. Para ello, selecciona todos los vértices correspondientes a 2 lados opuestos del cuadrado y utiliza la opción 'Rellenar con cuadrícula' dentro del menú 'Cara' situado en la parte superior de la vista 3D.
- Presiona la tecla 'tabulador' para salir del modo edición y rota el objeto -90º en el eje Y. Para ello, presiona las teclas 'R' e 'Y' y escribe el valor -90. Pulsa 'Intro' para aceptar los cambios.
- Mueve el objeto seleccionado 0.5 m en el eje Z y -0.5 m en el eje X. Para ello, puedes utilizar el panel lateral situado en la parte superior derecha de la vista 3D, Figura 63.
- Pulsa con el botón derecho del ratón dentro de la vista 3D y selecciona la opción 'Sombrear suave' para activar la representación de la geometría mediante formas suaves.
- Activa la opción 'Suavizado automático' dentro del desplegable 'Normales' de la pestaña 'Propiedades de datos del objeto', Figura 113.
- Crea un cubo de tamaño 0.05 m, utilizando el menú emergente que aparece al pulsar la combinación de teclas 'Mayúscula+A'.

- Desde el panel lateral situado en la parte superior derecha de la vista 3D, Figura 71, escribe los valores 4 y 1.5 en los cuadros de texto X e Y situados dentro del apartado 'Dimensiones'.
- Aplica la escala mediante la opción 'Escala' dentro del desplegable 'Aplicar' del menú 'Objeto'.
- Renombra el objeto como «Suelo» presionando la tecla 'F2'.
- Crea un cilindro de radio 0.04 m y profundidad 0.35 m. Por otra parte, establece su posición en -0.75, 0 y 0.2 para los ejes X, Y, y Z, respectivamente.
- Pulsa el botón derecho del ratón dentro de la vista 3D y haz clic sobre la opción 'Sombrear suave'. Activa la opción 'Suavizado automático' dentro del desplegable 'Normales' de la pestaña 'Propiedades de datos del objeto', Figura 113.
- Renombra el objeto como «Pata frontal».
- Duplica el cilindro anterior utilizando la combinación de teclas 'Mayúscula+D' y mueve el nuevo objeto en el eje X -0.5 m respecto a su posición actual.
- Renombra el objeto como «Pata trasera».
- Crea un nuevo cilindro con radio 0.099 m y profundidad 0.7 m. Rota el cilindro 90º respecto al eje Y, y muévelo a las posiciones -0.8 m en el eje X y 0.5 m en el eje Z.
- Renombra el objeto como «Émbolo».
- Presiona la tecla 'tabulador' para activar el modo edición.
- Selecciona la cara circular visible del objeto «Émbolo» y pulsa la tecla 'I' para insertar nuevas caras. Escribe el valor 0.01 y presiona 'Intro' para aceptar el tamaño de las nuevas caras.
- Extruye la cara seleccionada 0.1 m en el eje X. Para ello, pulsa la tecla 'E' y escribe el valor 0.1. Finalmente, presiona 'Intro' para aceptar los cambios.
- Centra el cursor 3D en la cara seleccionada. Para ello, presiona la combinación de teclas 'Mayúscula+S' y selecciona la opción 'Cursor a seleccionado'. En la Figura 161 se muestra el resultado obtenido tras aplicar las operaciones descritas hasta ahora.

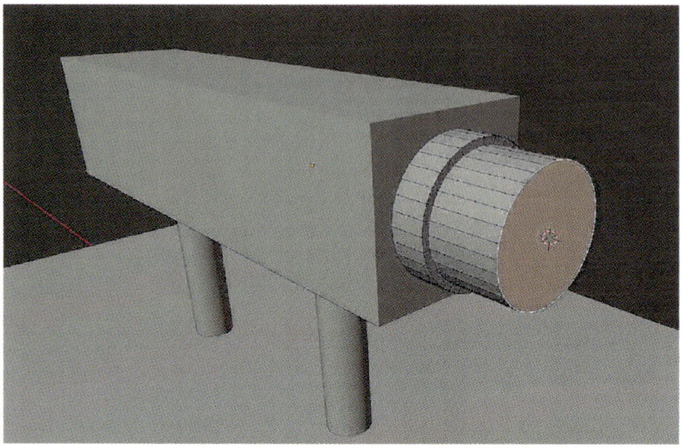

Figura 161. Cursor 3D centrado en la cara extruida.

- Sin salir del modo edición, crea un plano utilizando la combinación de teclas 'Mayúscula+A'. Establece un tamaño de 0.25 m y una rotación en el eje Y de 90°.
- Elimina la cara seleccionada manteniendo las aristas. Para ello presiona la tecla 'X' y a continuación selecciona la opción 'Solo caras'.
- Selecciona todas las aristas de este último plano y, con el cursor dentro de la vista 3D, pulsa el botón derecho del ratón. Del menú emergente, escoge la opción 'Subdividir' y establece el parámetro 'Cantidad de cortes' en 7.
- Elimina la cara circular visible del objeto «Émbolo», Figura 162. Para ello, selecciónala y presiona 'X'. A continuación, escoge la opción 'Caras'.

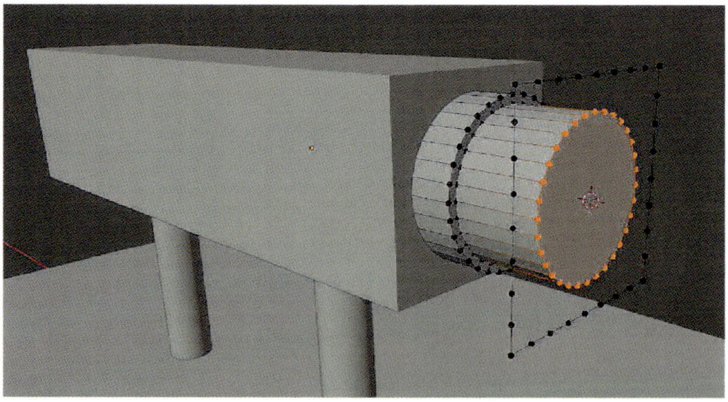

Figura 162. Cara circular seleccionada para su posterior eliminación.

- Crea una cara entre una de las aristas del cuadrado y la arista del círculo que se encuentre más próxima a ella. Para ello selecciona los 4 vértices correspondientes y a continuación pulsa la tecla 'F', Figura 163.

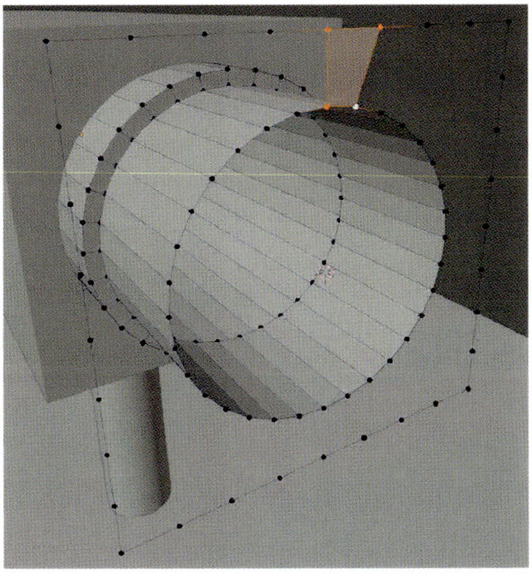

Figura 163. Cara creada entre el cuadrado y el círculo.

- Presiona una de las nuevas aristas generadas y mantén pulsada la tecla 'F' hasta conectar todos los vértices del cuadrado con los vértices del círculo.
- Selecciona todas las aristas que forman el contorno del cuadrado y extrúyelas 0.05 m en el eje X. Para ello, pulsa las teclas 'E' y 'X' y escribe el valor 0.05.
- Selecciona todos los vértices correspondientes a 2 lados opuestos del cuadrado extruido y clica sobre la opción 'Rellenar con cuadrícula' dentro del menú 'Cara' situado en la parte superior de la vista 3D.
- Del conjunto de caras generadas mediante la opción anterior, selecciona aquellas marcadas en la Figura 164. A continuación, presiona la tecla 'E' y establece una extrusión de 0.15 m en el eje X.

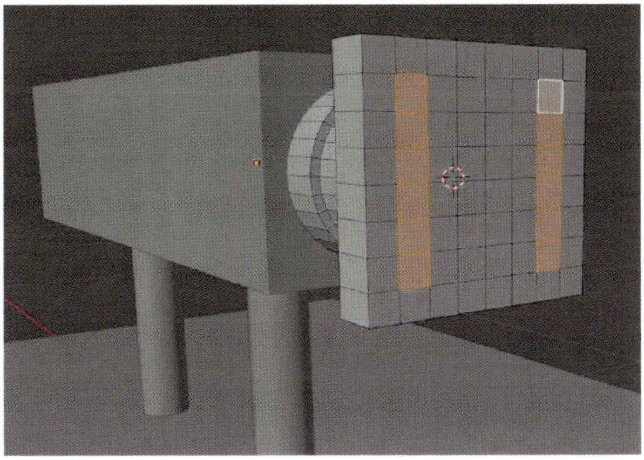

Figura 164. Selección de las caras del objeto «Émbolo» en las que se aplicará la operación de extrusión.

- A continuación, se realizará una operación de giro sobre las 2 caras superiores de las previamente extruidas. En esta operación, el eje de giro se establece mediante la posición del cursor 3D. Por ello, antes de realizar la operación de giro, presiona la combinación de teclas 'Mayúscula+S' y selecciona la opción 'Cursor a seleccionado'. Esta acción centrará el cursor 3D con respecto a las 12 caras seleccionadas.
- De las caras extruidas, selecciona las 2 caras situadas en la parte superior, Figura 165.

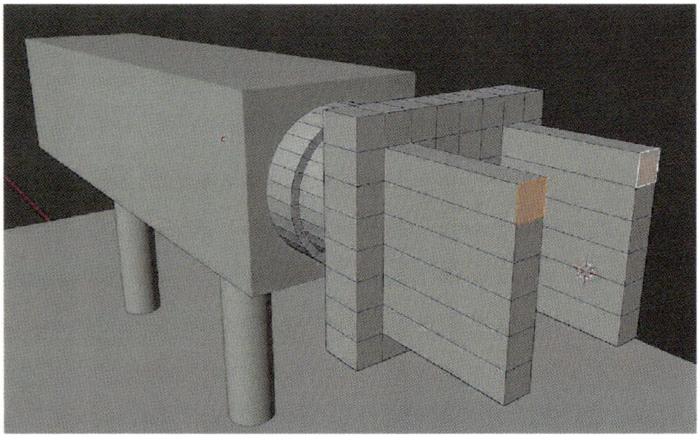

Figura 165. Selección de las caras en la que se aplicará la operación de giro.

- Selecciona el botón 'Girar' de la barra de herramientas situada en la parte izquierda de la vista 3D, Figura 136, y pulsa sobre la opción 'Y' en la barra de la parte superior de la vista 3D, Figura 155.
- Mueve el manipulador para rotar ligeramente las nuevas caras y utiliza el panel situado en la parte inferior izquierda de la vista 3D para establecer los parámetros 'Intervalos' y 'Ángulo' en 11 y 165, respectivamente.
- Crea puentes entre las 4 caras seleccionadas de la Figura 166. Para ello, selecciona 2 caras cercanas, coloca el cursor sobre la vista 3D, pulsa el botón derecho del ratón y escoge la opción 'Puentear caras'. Haz la misma operación para las 2 caras restantes.

Figura 166. Selección de las caras entre las que se generarán puentes mediante la opción 'Puentear caras'.

- Presiona la tecla 'tabulador' para salir del modo edición.
- Sin deseleccionar el objeto «Émbolo», pulsa con el botón derecho del ratón dentro de la vista 3D. Selecciona la opción 'Sombrear suave' para activar la representación de la geometría mediante formas suaves.
- Activa la opción 'Suavizado automático' dentro del desplegable 'Normales' de la pestaña 'Propiedades de datos del objeto', Figura 113.
- Crea un nuevo cilindro utilizando la combinación de teclas 'Mayúscula+A'. Establece un radio de 0.06 m y una profundidad de 0.12 m. Además, especifica un valor de 90 en el eje X del parámetro 'Rotación'. Finalmente, selecciona 'Abanico de triángulos' en el desplegable 'Tipo de extremos'. Este parámetro modifica las bases del cilindro para que sean rellenadas por caras triangulares.
- Renombra el objeto como «Unión émbolo».
- Activa el modo edición pulsando la tecla 'tabulador'.
- Selecciona la mitad de los triángulos presentes en cada una de las bases del cilindro, Figura 167. Emplea para ello la opción 'Círculo de selección' dentro del menú 'Seleccionar' situado en la parte superior de la vista 3D.

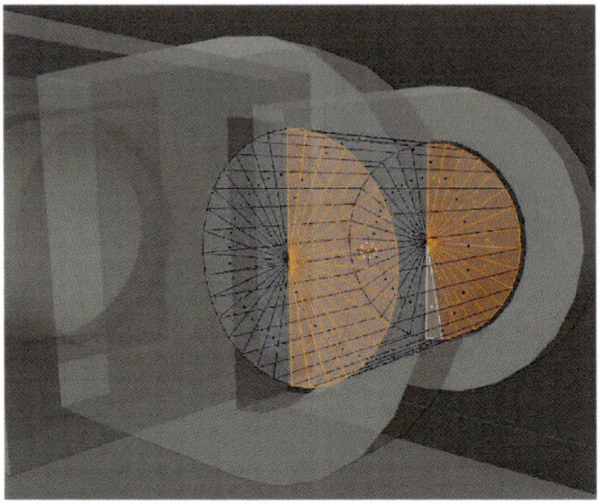

Figura 167. Caras triangulares del cilindro seleccionadas.

- Presiona la combinación de teclas 'Alt+E' y selecciona la opción 'Extruir caras en dirección de sus normales'. Escribe el valor 0.035 y pulsa la tecla 'Intro'.
- Nuevamente, presiona el atajo de teclado 'Alt+E' y selecciona la opción 'Extruir caras en dirección de sus normales'. Escribe el valor 0.01 y pulsa la tecla 'Intro'.
- Selecciona las caras marcadas en la Figura 168 y pulsa la tecla 'E' para extruir. A continuación, pulsa la tecla 'S' y después la combinación de teclas 'Mayúscula+Y'. Esto limitará la escala al plano XZ. Escribe un valor de 1.25 y pulsa 'Intro'.

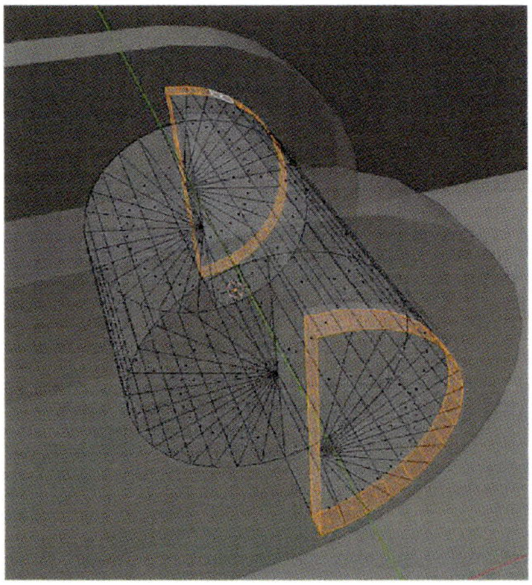

Figura 168. Caras del cilindro seleccionadas antes de la extrusión.

- Presiona la tecla 'tabulador' para salir del modo edición.
- Sin deseleccionar el objeto «Unión émbolo», pulsa con el botón derecho del ratón dentro de la vista 3D y selecciona la opción 'Sombrear suave'.

- Activa la opción 'Suavizado automático' dentro del desplegable 'Normales' de la pestaña 'Propiedades de datos del objeto', Figura 113.
- Crea un nuevo cubo utilizando la combinación de teclas 'Mayúscula+A' y establece un tamaño de 0.25 m.
- Cambia la escala del objeto para que sus dimensiones sean 0.6 m en el eje X, 0.25 m en el eje Y, y 0.8 m en el eje Z. Por otra parte, mueve el objeto a la posición 0.5 m en el eje X, 0.3 m en el eje Y, y 0.425 m en el eje Z. Puedes utilizar para ello el panel lateral situado a la derecha de la vista 3D.
- Aplica la escala mediante la opción 'Escala' dentro del desplegable 'Aplicar' del menú 'Objeto'.
- Renombra el objeto como «Base giro».
- Activa el modo edición presionando la tecla 'tabulador'.
- Selecciona las aristas más cortas de la parte superior del objeto y presiona la combinación de teclas 'Crtl+B' para añadir un bisel. Escribe el valor 0.05 y presiona la tecla 'Intro'.
- Presiona 'tabulador' para volver al modo objeto.
- Pulsa la combinación de teclas 'Mayúscula+S' y selecciona la opción 'Cursor a seleccionado'.
- Crea un nuevo cilindro con un radio de 0.02 m y una profundidad de 0.05 m. Además, selecciona la opción 'Enégono' dentro del desplegable 'Tipo de extremos'. Esta opción permite construir el cilindro utilizando un polígono de n lados como base. A continuación, establece en 90 el valor X del parámetro 'Rotación' y en 0.15 el valor Y del parámetro 'Posición'.
- Renombra el objeto como «Eje giro».
- Presiona la tecla 'tabulador' para activar el modo edición.
- Pulsa la combinación de teclas 'Crtl+R' para activar la herramienta 'Cortar bucle' y a continuación mueve el cursor sobre las caras rectangulares del cilindro. La línea amarilla mostrará la zona de corte. Pulsa el botón izquierdo del ratón para aceptar dicho corte. Finalmente escribe el valor -0.8 y presiona la tecla 'Intro'.
- Selecciona las caras rectangulares que se muestran en la Figura 169 y presiona la combinación de teclas 'Alt+E'. Escoge la opción 'Extruir caras en dirección de sus normales', escribe el valor 0.005 y pulsa la tecla 'Intro'.

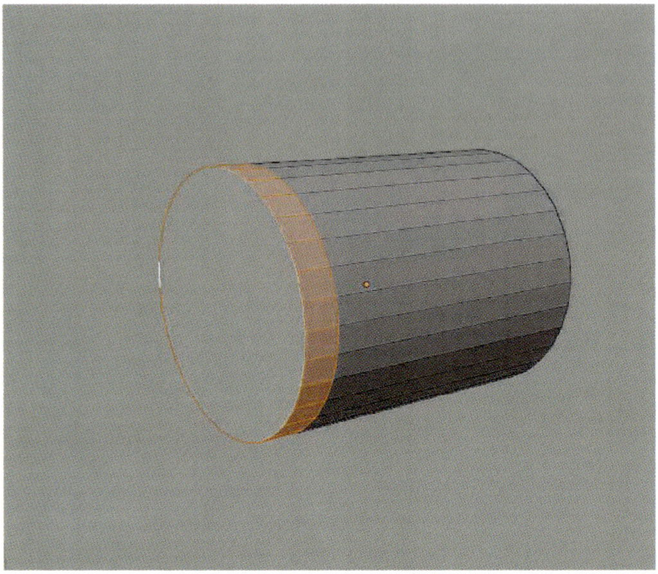

Figura 169. Caras rectangulares del cilindro seleccionadas antes de la extrusión.

- Presiona la tecla 'tabulador' para volver al modo objeto.
- Sin deseleccionar el objeto «Eje giro», pulsa con el botón derecho del ratón dentro de la vista 3D y selecciona la opción 'Sombrear suave'.
- Activa la opción 'Suavizado automático' dentro del desplegable 'Normales' de la pestaña 'Propiedades de datos del objeto', Figura 113.
- Pulsa la combinación de teclas 'Mayúscula+S' y selecciona la opción 'Cursor a seleccionado'.
- Crea un nuevo cilindro con un radio de 0.25 m y una profundidad de 0.03 m. Además, selecciona la opción 'Nada' dentro del desplegable 'Tipo de extremos' y establece en 90 el valor X del parámetro 'Rotación'.
- Renombra el objeto como «Disco giro».
- Presiona la tecla 'tabulador' para activar el modo edición.
- Selecciona todas las caras del objeto «Disco giro» y presiona la combinación de teclas 'Alt+E'. Escoge la opción 'Extruir caras en dirección de sus normales' y, arrastrando el ratón, reduce ligeramente el radio del círculo. Finalmente, pulsa el botón izquierdo del ratón para aceptar los cambios. El resultado obtenido se muestra en la Figura 170.

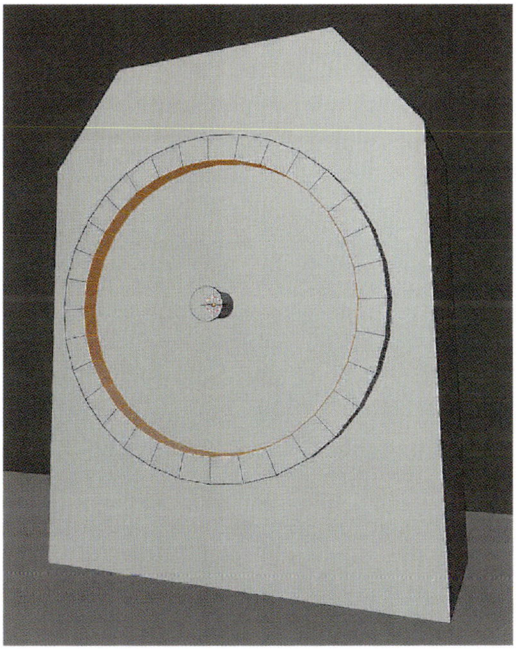

Figura 170. Resultado obtenido tras realizar la extrusión.

- Pulsa sobre el botón 'Adherir' y selecciona la opción 'Cara' dentro del desplegable. Además, activa en este mismo desplegable la opción 'Escala' dentro de los parámetros disponibles en 'Afectar', Figura 171.

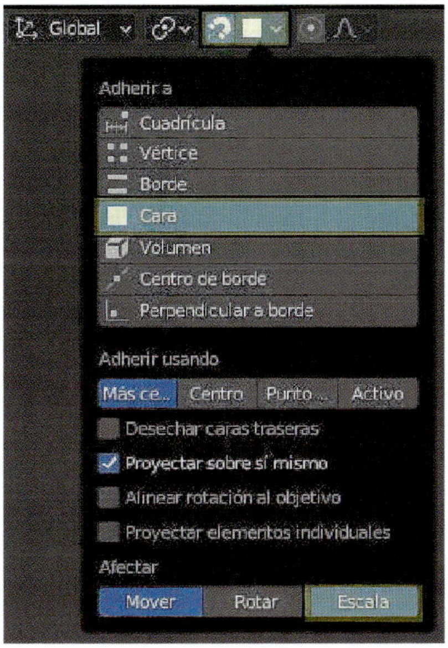

Figura 171. Panel de configuración de la opción 'Adherir' con los parámetros 'Cara' y 'Escala' activados.

- Escala en el plano XZ las caras seleccionadas hasta el objeto «Eje giro». Para ello, pulsa la tecla 'S' y posteriormente la combinación de teclas 'Mayúscula+Y'. A continuación, coloca el cursor sobre la parte alargada del objeto «Eje giro» y pulsa el botón izquierdo del ratón cuando hayas obtenido el resultado mostrado en la Figura 172.

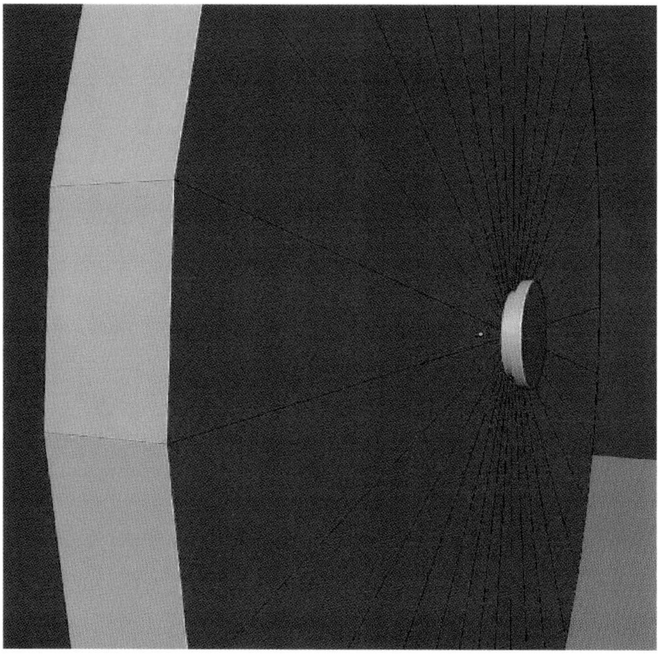

Figura 172. Resultado obtenido tras activar la opción 'Adherir' y escalar las caras internas del objeto «Disco giro».

- Presiona la tecla 'tabulador' para volver al modo objeto.
- Sin deseleccionar el objeto «Disco giro», pulsa con el botón derecho del ratón dentro de la vista 3D y selecciona la opción 'Sombrear suave'.
- Activa la opción 'Suavizado automático' dentro del desplegable 'Normales' de la pestaña 'Propiedades de datos del objeto', Figura 113.
- Duplica el objeto «Eje giro». Para ello selecciona dicho objeto y presiona la combinación de teclas 'Mayúscula+D'. Pulsa la tecla 'escape' para evitar el desplazamiento manual del objeto.
- Utilizando el panel lateral situado en la parte superior derecha de la vista 3D, escribe los valores 0.7, -0.03 y 0.5 en los ejes XYZ del parámetro 'Posición'.
- Renombra el objeto como «Eje biela».

- Presiona la tecla 'tabulador' para activar el modo edición.
- Selecciona la cara circular del objeto «Eje biela» que se encuentra más próxima al objeto «Disco giro».
- Mueve la cara seleccionada en el eje Y para que coincida con la superficie del objeto 'Disco giro', Figura 173. Para ello pulsa las teclas 'G' e 'Y' y mueve el ratón. Con el objetivo de ajustar de forma precisa la posición de esta cara, comprueba que la opción 'Adherir' de la barra superior de la vista 3D esté activada y que la opción 'Cara' se encuentre seleccionada dentro del desplegable.

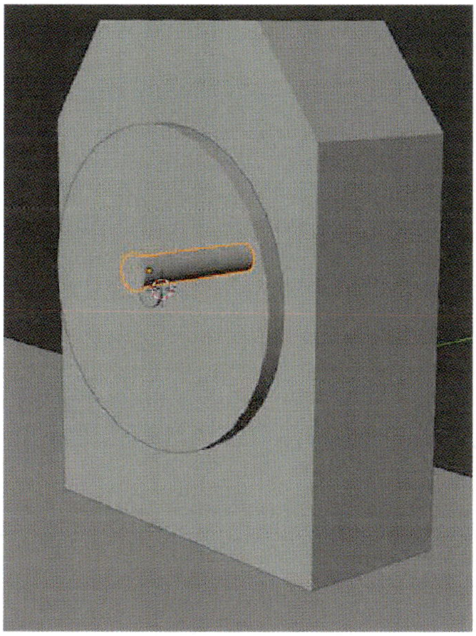

Figura 173. Geometría final del objeto «Eje biela».

- Presiona la tecla 'tabulador' para volver al modo objeto.
- Crea un nuevo cubo utilizando la combinación de teclas 'Mayúscula+A'. Establece un tamaño de 0.1 m.
- Cambia la escala del objeto para que sus dimensiones sean 0.96 m en el eje X y 0.15 m en el eje Z. Por otra parte, escribe los valores 0.25, 0 y 0.5 en los ejes XYZ dentro del parámetro 'Posición'. Para estas 2 operaciones utiliza el panel lateral situado en la parte superior derecha de la vista 3D.
- Aplica la escala mediante la opción 'Escala' dentro del desplegable 'Aplicar' del menú 'Objeto'.
- Renombra el objeto como «Biela».

- Añade una operación booleana desde la pestaña 'Propiedades de modificadores', Figura 93. Selecciona «Eje biela» en el parámetro 'Objeto' y aplica el modificador utilizando las opciones disponibles en el desplegable mostrado en la Figura 104.
- Añade otra operación booleana y selecciona «Unión émbolo» en el parámetro 'Objeto'. Nuevamente, aplica el modificador.
- Si lo deseas, puedes guardar el archivo utilizando la opción 'Guardar como...' del menú 'Archivo'. En la Figura 174 se muestra el modelo final del mecanismo biela-manivela.

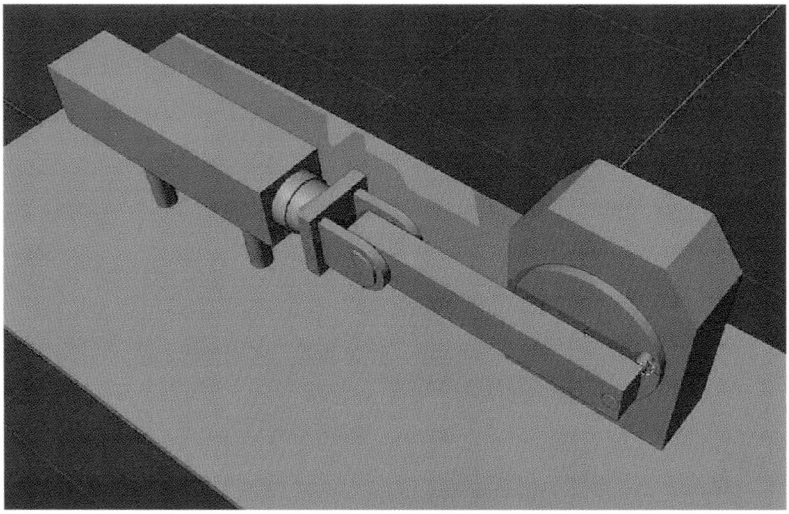

Figura 174. Modelo final del mecanismo biela-manivela.

Capítulo VII.
Control de distancias

En ocasiones, es necesario conocer la distancia entre vértices con el objetivo de controlar con precisión las operaciones de transformación de los elementos de la malla. Aunque por defecto Blender presenta herramientas de medición, en este manual se describirá el uso del complemento *measureit*, el cual puede activarse desde el menú 'Complementos' de la ventana de preferencias, Figura 20.

7.1 *Measureit*

Este complemento se encuentra en la pestaña 'Vista' dentro del panel lateral situado en la parte superior derecha de la vista 3D. Recuerda que este panel puede mostrarse u ocultarse arrastrando la flecha correspondiente, Figura 25.

En el último desplegable de la pestaña 'Vista', se encuentran las opciones disponibles para el complemento de medición, Figura 175. Dentro de estas opciones, el primer botón permite mostrar u ocultar las medidas realizadas. Por defecto el complemento no muestra las medidas, por lo que es necesario hacer clic sobre el botón 'Mostrar' para visualizarlas.

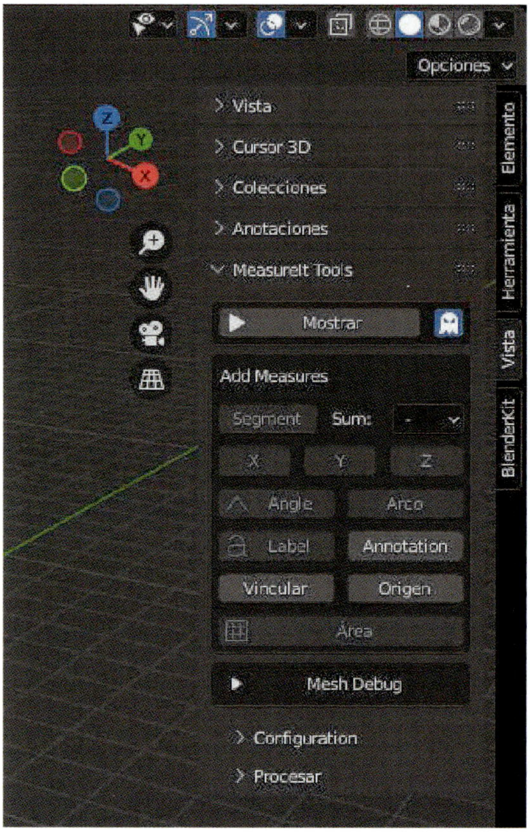

Figura 175. Opciones del complemento *measureit* disponibles en el panel lateral de la parte superior derecha de la vista 3D.

Para medir una distancia, ángulo o arco en un objeto es necesario en primer lugar activar el modo edición, ya que la herramienta *measureit* trabaja en este caso sobre los vértices. Una vez activado el modo edición, deben seleccionarse 2 o más vértices dependiendo de la medida que se desee realizar. Así, para medir una distancia es necesario seleccionar al menos 2 vértices, mientras que para medir un ángulo o arco se necesitan 3 vértices, Figura 176.

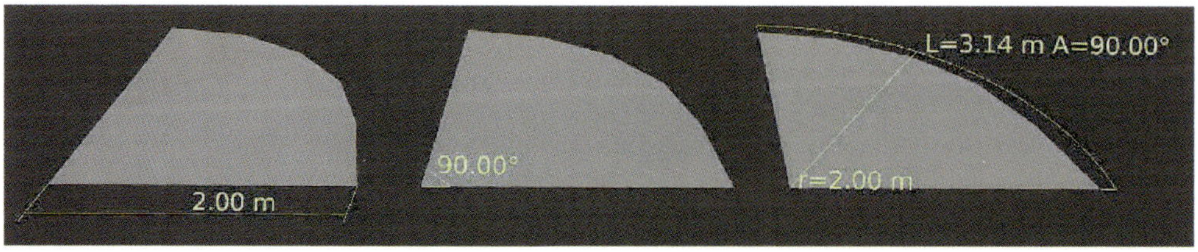

Figura 176. Medición de la distancia, el ángulo y el arco utilizando las opciones del complemento *measureit*.

Tras seleccionar los vértices correspondientes, el complemento activa las herramientas de medición, permitiendo la selección de las siguientes opciones:

- ***Segment*.** Mide la distancia entre los vértices seleccionados. Al seleccionar más de 2 vértices conectados entre sí, el complemento mostrará la longitud de todas las aristas correspondientes. Si se seleccionan 2 vértices no conectados entre sí, se mostrará la distancia que los separa.
- ***Angle*.** Mide el ángulo existente entre las 2 aristas formadas por los 3 vértices seleccionados. El segundo vértice seleccionado actúa como vértice del ángulo.
- **Arco.** Mide la longitud del arco originado por 3 vértices.

Por otra parte, el complemento *measureit* también es capaz de medir la distancia entre 2 objetos. Para ello, deselecciona todos los vértices de cada objeto en el modo edición. A continuación, selecciona ambos objetos en el modo objeto y pulsa la opción 'Vincular' dentro de las opciones del complemento *measureit*. La distancia mostrada será la existente entre los 2 puntos de origen. Por otro lado, si en lugar de deseleccionar todos los vértices de ambos objetos se selecciona solo un vértice de cada objeto en el modo edición, Blender mostrará la distancia entre dichos vértices al pulsar la opción 'Vincular' en el modo objeto.

Todas las etiquetas correspondientes a las medidas realizadas pueden configurarse de forma independiente, modificando el color, espesor de línea o posición, entre otras opciones. Para personalizar la configuración de cada etiqueta debe pulsarse el icono en forma de engranaje situado en el desplegable 'Elementos', Figura 177. Debido a la simplicidad de este desplegable, en este manual no se describen las opciones de configuración disponibles y se propone que el usuario las explore por sí mismo.

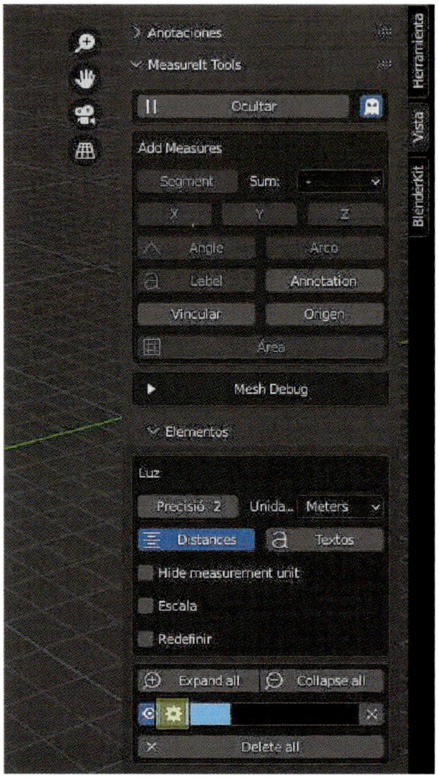

Figura 177. Opción del complemento *measureit* que permite configurar cada etiqueta.

Una característica del complemento *measureit* es su capacidad de actualizarse al modificar un objeto. Esto permite mover, rotar o escalar los elementos de la malla visualizando en tiempo real la distancia o el ángulo entre los vértices.

7.2 Entrada numérica avanzada

Al realizar una operación de transformación o utilizar una herramienta de edición de malla, Blender permite al usuario escribir un valor mediante teclado numérico, lo que aumenta la precisión en el diseño. Sin embargo, en algunas operaciones este valor es relativo y depende del estado inicial del objeto. Por ejemplo, en la operación de transformación de escala, el valor introducido mediante teclado es una constante que multiplica el valor actual del objeto. Así, en un cubo de 2 m de lado, una escala con un valor de 3 dará lugar a un cubo de 6 m de lado. Por este motivo, Blender dispone de una entrada numérica avanzada en la que es posible escribir una ecuación matemática, lo que presenta gran utilidad en operaciones cuyos parámetros son relativos.

Para acceder a la entrada numérica avanzada debe escribirse el símbolo '=' antes de teclear el valor numérico. Una vez activada la entrada numérica avanzada, puede escribirse cualquier función matemática disponible en el módulo *math* de Python. Puedes encontrar más información sobre estas funciones en la documentación de Python [3].

Ejemplo guiado

En este ejemplo se diseñará un tronco de pirámide cuadrangular cuya base mayor tendrá un lado de 5 m, mientras que la base menor presentará un lado de 2 m. La altura de dicha geometría será de 2 m, Figura 178.

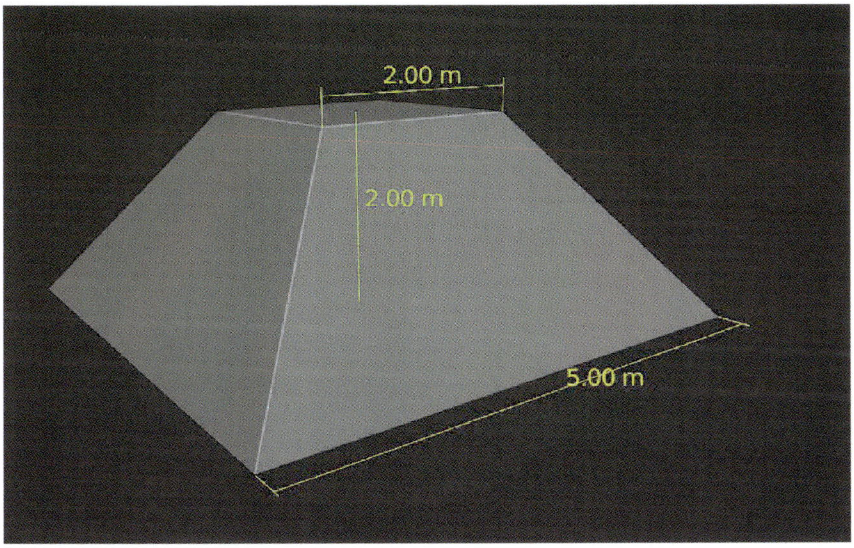

Figura 178. Medidas del tronco de pirámide cuadrangular que se desea diseñar.

- Crea un nuevo proyecto.
- Selecciona el cubo de 2 m de lado que aparece por defecto y accede al modo edición presionando la tecla 'tabulador'.
- Selecciona la cara inferior del cubo.
- Haz clic sobre la opción '*Segment*' del desplegable '*Measureit tools*' dentro de la pestaña 'Vista' del panel lateral situado en la parte superior derecha de la vista 3D. Además, pulsa sobre la opción 'Mostrar' dentro del mismo desplegable.
- Actualmente las aristas seleccionadas miden 2 m y el objetivo es obtener un

cuadrado de 5 m de lado. Para ello pulsa la tecla 'S' y a continuación escribe '=5/2'. De esta forma, la longitud de las aristas se dividirá entre 2, dando como resultado 1 m, y se multiplicará por 5. Para aceptar los cambios pulsa 'Intro'. Mediante este método se obtiene el mismo resultado que al escribir el valor 2.5 tras pulsar 'S'. Sin embargo, conviene tener en cuenta ambos métodos, puesto que la escala a aplicar no siempre será fácilmente calculable por el usuario.

Capítulo VIII.
Reparación de mallas

Al diseñar una geometría compleja, pueden producirse errores de mallado originados por falta de experiencia, uso excesivo de operaciones booleanas, reducción de polígonos mediante el modificador diezmar, etc. Estos errores conllevan nuevas dificultades al trabajar con ciertas aplicaciones, como por ejemplo la impresión 3D. Por este motivo, Blender dispone de algunas herramientas para identificar y reparar los errores en la malla de los objetos.

Los errores más simples que se presentan mayoritariamente en objetos tridimensionales están relacionados con la orientación de las normales, vértices no conectados, geometrías abiertas, polígonos o aristas con áreas o longitud cero e intersecciones entre caras. A excepción de los errores relacionados con la orientación de las normales y los vértices aislados, el resto de los fallos puede identificarse fácilmente mediante el complemento *3D-print toolbox*, el cual se activa en el menú 'Complementos' desde la ventana de preferencias, Figura 20. Una vez activado, todas sus opciones se encuentran en la pestaña 'Impresión 3D' dentro del panel lateral situado en la parte superior derecha de la vista 3D, Figura 179.

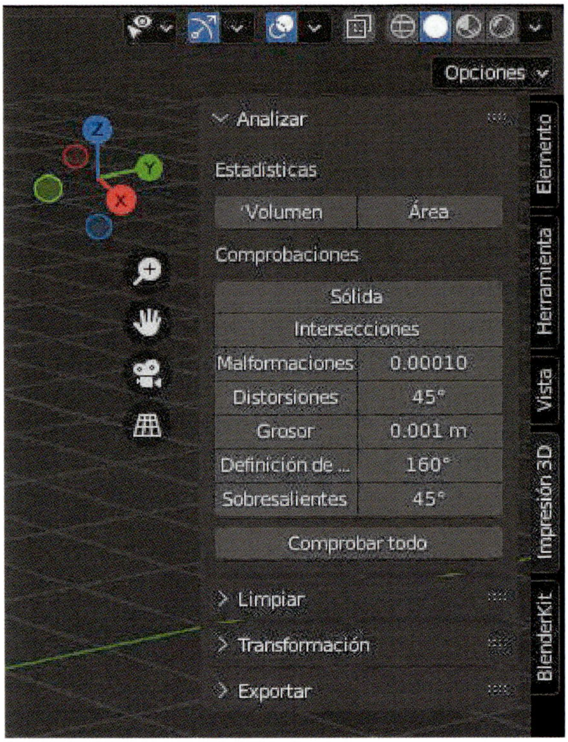

Figura 179. Opciones disponibles dentro de la pestaña 'Impresión 3D'.

8.1 Normales

Las normales son utilizadas en la impresión 3D para establecer la parte sólida de la geometría. La mayoría de las herramientas utilizadas para este tipo de aplicaciones suelen contener algoritmos automáticos que reparan estos errores. Sin embargo, en ocasiones, debido a la complejidad de la geometría, es necesario reparar dichos errores de forma manual.

Para controlar la orientación de las normales es necesario en primer lugar mostrar su vector. Para ello, tras seleccionar un objeto, activa el modo edición y a continuación pulsa sobre el parámetro 'Mostrar normales' del desplegable 'Sobreimpresos' de las opciones de la vista 3D, Figura 180. Tras activarlo, se representará con una línea azul la dirección y sentido del vector normal de cada uno de los polígonos que forman la malla.

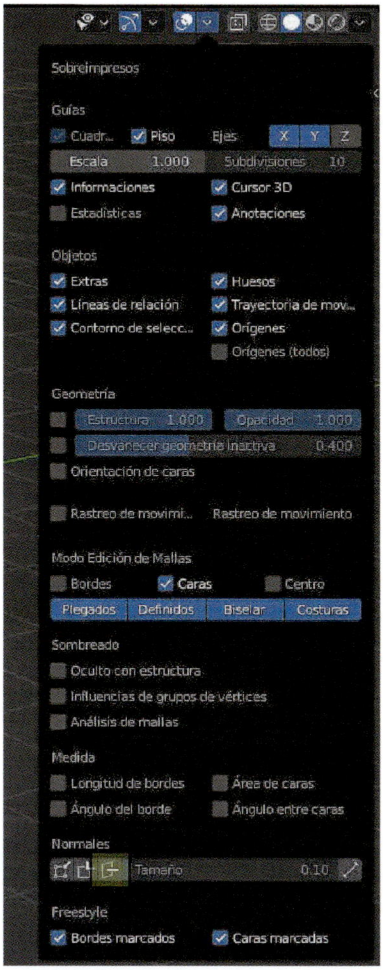

Figura 180. Opción disponible en el desplegable 'Sobreimpresos' que permite mostrar las normales de cada cara de la geometría seleccionada.

En Blender, existen 3 opciones para reorientar las normales de las caras seleccionadas:

- **Invertir.** Permite invertir los vectores normales de las caras seleccionadas. Para acceder a esta función puedes pulsar sobre la opción 'Invertir' del desplegable 'Normales' dentro del menú 'Malla' situado en la parte superior de la vista 3D. También puedes colocar el cursor dentro de la ventana de la vista 3D y presionar la combinación de teclas 'Alt+N'.
- **Recalcular hacia fuera.** Orienta los vectores normales de las caras seleccionadas hacia el exterior del objeto. Para acceder a esta función puedes pulsar sobre la

opción 'Recalcular hacia fuera' del desplegable 'Normales' dentro del menú 'Malla' situado en la parte superior de la vista 3D. También puedes colocar el cursor dentro de la ventana de la vista 3D y presionar la combinación de teclas 'Mayúscula+N'.

- **Recalcular hacia adentro.** Orienta los vectores normales de las caras seleccionadas hacia el interior del objeto. Para acceder a esta función puedes pulsar sobre la opción 'Recalcular hacia adentro' del desplegable 'Normales' dentro del menú 'Malla' situado en la parte superior de la vista 3D. También puedes colocar el cursor dentro de la ventana de la vista 3D y presionar la combinación de teclas 'Mayúscula+Crtl+N'.

8.2 Vértices aislados

En ocasiones, la geometría final puede presentar vértices que no están conectados al resto de la malla y que no presentan propósito alguno. Para eliminarlos, activa el modo edición y pulsa la tecla 'A' con el objetivo de seleccionar todos los vértices. A continuación, utiliza la opción 'Borrar sueltos' del desplegable 'Limpiar' dentro del menú 'Malla', Figura 181, para eliminar los vértices aislados.

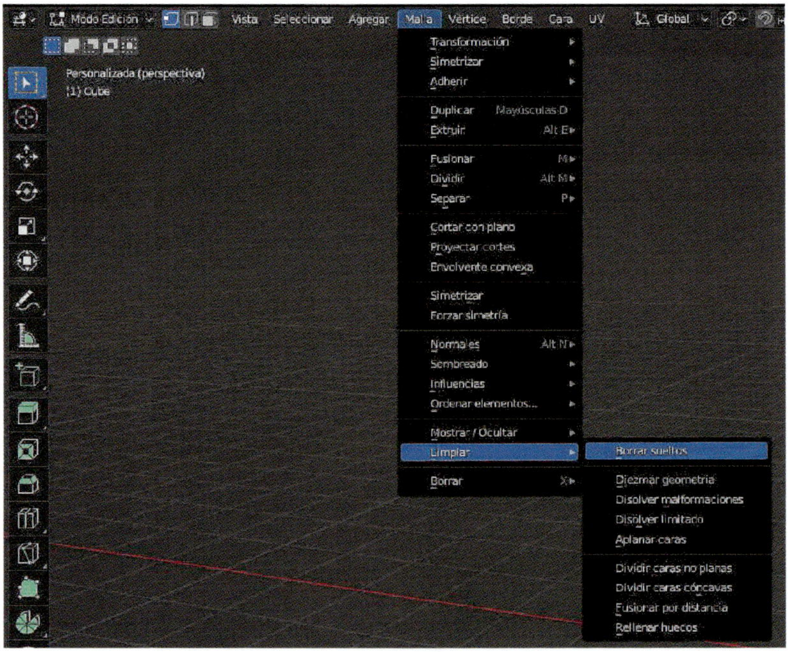

Figura 181. Opción disponible dentro del menú 'Malla' que permite eliminar elementos aislados.

8.3 Geometrías abiertas

Para identificar aquellas aristas que mantienen abierta la geometría, debe pulsarse el botón 'Sólida' de la pestaña 'Impresión 3D' dentro del panel lateral situado en la parte superior derecha de la vista 3D, Figura 179. Tras pulsar el botón, Blender indica el número de aristas que no cierran la geometría. Para seleccionarlas en la vista 3D, accede al modo edición y pulsa sobre la opción *'Non manifold edge'* de la pestaña 'Impresión 3D', Figura 182.

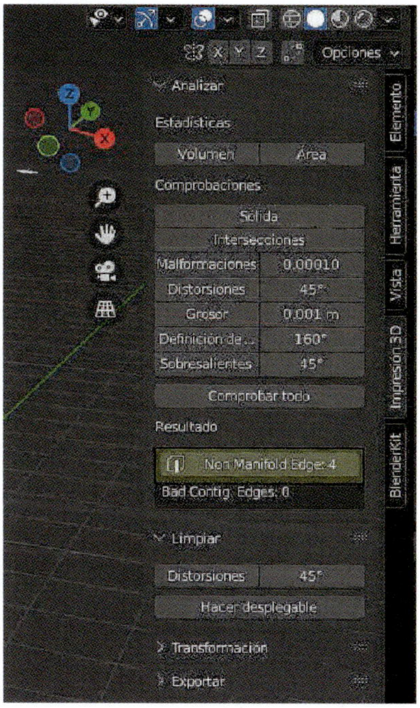

Figura 182. Opción que permite seleccionar las aristas que no cierran la geometría.

Si la geometría no es compleja, selecciona todos los elementos de la malla y emplea la opción 'Rellenar huecos' del desplegable 'Limpiar' dentro del menú 'Malla' situado en la parte superior de la vista 3D, Figura 183, para corregir los errores. Otra alternativa es pulsar sobre el botón 'Hacer desplegable' de la pestaña 'Impresión 3D'.

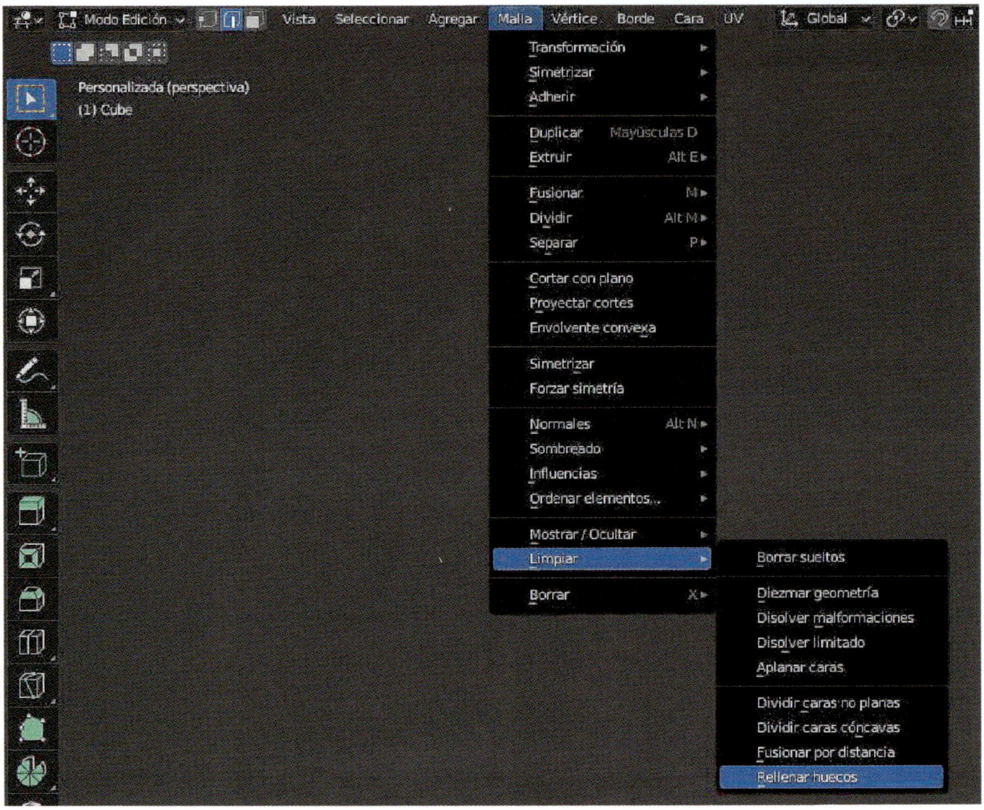

Figura 183. Opción disponible dentro del menú 'Malla' que permite rellenar huecos de la geometría.

Por otra parte, si la geometría es compleja, se recomienda cerrar la malla de forma manual mediante las herramientas de creación de polígonos descritas anteriormente en este libro.

8.4 Elementos con área o longitud cero

Dependiendo de las operaciones realizadas durante el modelado, es posible que ciertos elementos de la malla presenten un tamaño menor al de la resolución del sistema de impresión. El complemento *3D-print toolbox* puede detectar estos pequeños elementos mediante el botón 'Malformaciones' dentro de la pestaña 'Impresión 3D'. El tamaño límite considerado como elemento de área o longitud cero se establece mediante el cuadro de texto situado a la derecha de dicho botón. Las unidades de este tamaño límite dependen de aquellas seleccionadas en la pestaña 'Propiedades de la escena', Figura 24. Tras establecer un tamaño límite y pulsar el botón 'Malformaciones', Blender indicará el número de elementos que presentan un área o longitud igual o menor al valor especificado. Para seleccionar estos elementos, es necesario acceder al modo edición y pulsar sobre los botones '*Zero faces*' o '*Zero edges*' de la pestaña 'Impresión 3D', Figura 184.

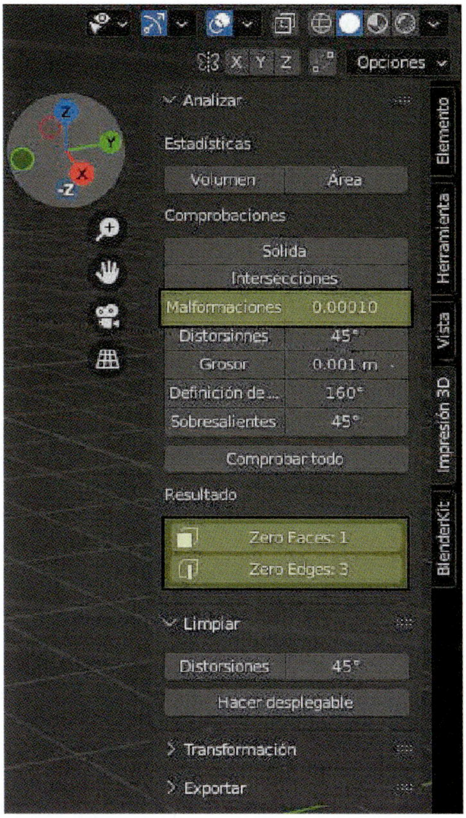

Figura 184. Opciones disponibles en la pestaña 'Impresión 3D' que permite detectar y seleccionar aquellos elementos con un área o longitud igual o inferior al valor especificado.

Una vez seleccionados los elementos, es posible fusionarlos con las caras vecinas utilizando la opción 'Fusionar por distancia' del desplegable 'Limpiar' dentro del menú 'Malla', Figura 185.

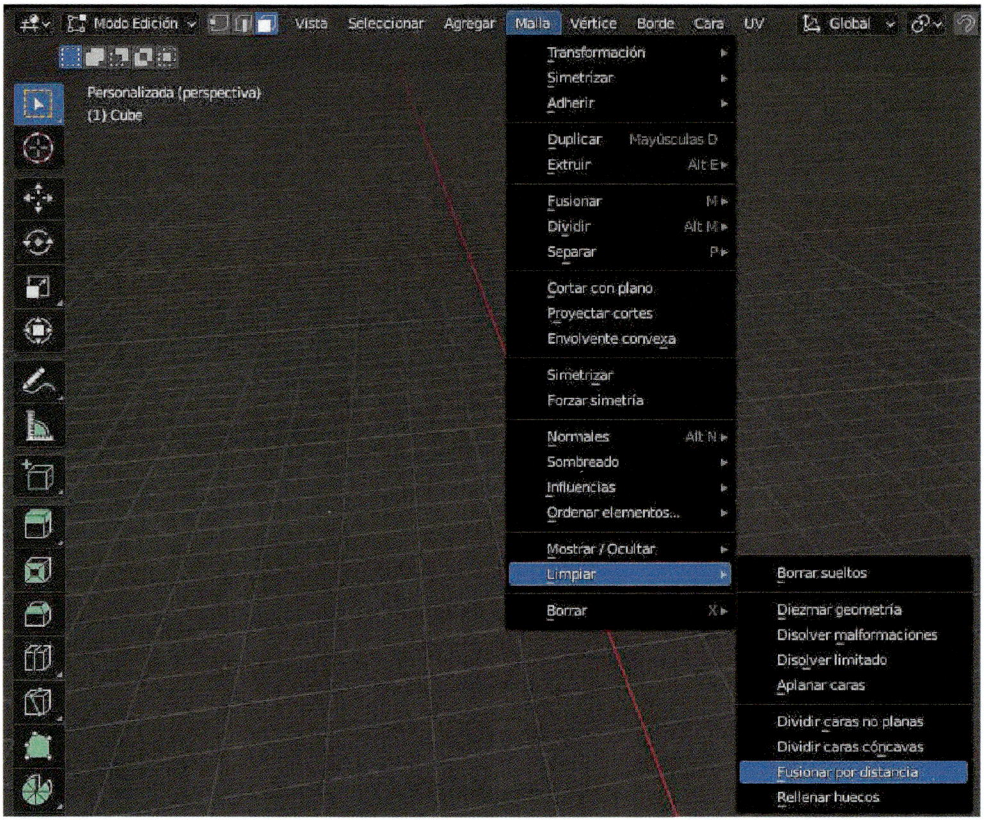

Figura 185. Opción disponible en el menú 'Malla' que permite fusionar elementos.

Tras seleccionar esta opción, Blender ofrece la posibilidad de controlar la distancia máxima considerada para la fusión de elementos mediante el panel situado en la parte inferior izquierda de la vista 3D, Figura 186. En esta ocasión se recomienda emplear el mismo valor que el establecido previamente en el panel de 'Impresión 3D'.

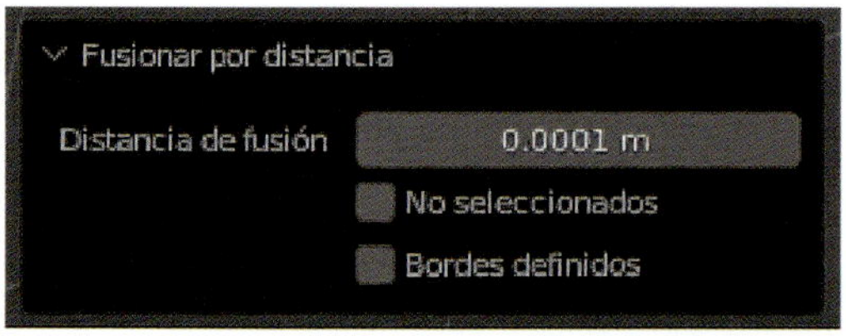

Figura 186. Panel que permite controlar la distancia máxima de fusión de elementos.

Como alternativa a este método, también es posible solucionar este tipo de problemas de forma manual utilizando las operaciones descritas anteriormente en este libro.

8.5 Intersecciones

En ocasiones, parte de la geometría de un modelo puede intersecar consigo misma provocando errores en la impresión 3D. Empleando la opción 'Intersecciones' de la pestaña 'Impresión 3D', Figura 187, es posible detectar estas intersecciones para posteriormente seleccionarlas mediante la opción '*Intersect face*' en el modo edición y mejorar la geometría del modelo a través de las operaciones de edición de malla.

Figura 187. Opciones que permiten detectar y seleccionar intersecciones.

Como norma general, para solventar las intersecciones se recomienda utilizar operaciones de transformación en cada uno de los elementos de la malla o incluso la eliminación y la nueva creación de caras, aristas o vértices.